Negicco-llection
2003-2023

Negicco 20th Anniversary Book

はじめに

新潟のブランドネギ「やわ肌ねぎっ娘」のＰＲキャンペーンのため1カ月限定で結成されたNegicco。ＰＲキャンペーン終了後も活動を継続し、２０２３年7月20日に結成20周年を迎えた。

所属するスクールの閉校、結成時のメンバーＭｉｋｕの卒業を経て、ご当地アイドル決定戦「Ｕ・Ｍ・Ｕ ＡＷＡＲＤ全国大会」での優勝、T-Palette Recordsへの所属、豪華ミュージシャンからの楽曲提供、『光のシュプール』オリコン5位獲得と少しずつ歩みを進めてきた。その後も新潟を拠点にしながら、全国規模のツアーやワンマンライブの開催などと飛躍を遂げた。そんな中、Negiccoの活動と並行してソロ活動が本格化。各メンバーがそれぞれの特長を生かした活動を進めるとともに、メンバー３人の結婚、出産も経験した。

本書はそんなNegiccoの20年を回顧する1冊だ。２０２３年4月に活動を再開したばかりの撮りおろし写真、過去の取材記事とともに振り返る「Negicco History 2003-2023」、Ｎａｏ☆、Ｍｅｇｕ、Ｋａｅｄｅのソロインタビュー、３人そろってのNegiccoインタビュー、ゆかりの地を巡る「Negi Negi Tour in Niigata」、関係者にNegiccoとの思い出を振り返ってもらう「Talk About Negi」を収録。読者の皆さんもページをめくりながら、Negiccoとのこれまでを回顧してほしい。

Negicco-llection 2003-2023

Negicco 20th Anniversary Book

Contents

Look
Back
Negi
20

ふるまちモール7
ふるまちモール7

新潟日報「県内4人グループNegicco
期待の地方アイドル県外にもファン」2005年7月15日

Negicco History

2003-2023

お客さんの顔が直接見えて、
楽しんでもらっている姿を
前にすると自分たちも楽しくなる（中略）

**Negiccoと聞いただけで、
みんなに分かって
もらえるような
存在になりたい**

（テスト時期などは、
学校との両立が大変だが）
本当に楽しいので、
つらいと思ったことはない
（中略）

歌もダンスも、もっとレベルを上げて、みんなで大きく成長したい

新潟日報「県内出身アイドルNegicco2枚目シングル『Falling Stars』星のふる町 古里に思い「みなさん、聴いてね」」2006年3月3日

2003

7月
Negicco誕生。新潟の名産ネギ「やわ肌ねぎっ娘」PRキャンペーンのため1カ月限定で結成。結成時のメンバーはNao☆、Megu、Miku、Kaedeの4人組。「やわ肌ねぎっ娘」PRキャンペーン終了後も、Negiccoとしての活動は継続となる。

9月
自主制作盤『恋するねぎっ娘』リリース

2004

9月
NHK「ポップジャム」出演

10月
全国流通盤『恋するねぎっ娘』リリース

2005

11月
第1回古町音楽祭出場。『Falling Stars』でグランプリを獲得

2006

新潟テレビ21の環境プロジェクト「Team ECO」のイメージキャラクターとなる（〜2009）

11月
メンバーMikuが卒業

僕らはともだち
(2006)

ニコニコ食育音頭
(2004)

Falling Stars
(2006)

恋するねぎっ娘
(2004)

恋するねぎっ娘
(2003)

Negicco History 2008-2012

ラストチャンスと思ってメジャーの扉を開き、音楽漬けの毎日を送りたい

新潟日報「ねぎっこ全国進出 9日新曲発売県外店頭にも」
2010年7月5日

2008

8月
浅草ROX まつり湯 初出演

2009

7月
インターネットTV GyaOの「勝ち抜き！アイドル天国!!ヌキ天」で6週勝ち抜き、グランプリ獲得

2010

12月
「U・M・U AWARD 全国大会」グランプリ受賞。日本一のローカルアイドルに選ばれる

圧倒的なスタイル
EARTH
(2008)

EARTH
(2007)

プラスちっく☆スター
(2010)

ネギさま!Bravo☆
(2010)

アノソラへ
(2009)

Summer Breeze
My Beautiful Life
(2008)

地元で頑張って全国で活躍しようという姿勢が、地元の人を元気にできるはず。自分たちは新潟の皆さんに希望をもってもらえる存在になりたいです(Nao☆)

新潟日報「ニュースアイ」ご当地アイドル本県でも続々
"元祖"Negiccoは全国区「地元を元気にしたい!」
県内外のイベントで集客 地域活性化を期待」2012年3月17日

2011

5月
八木橋百貨店でのイベント(「大新潟展」)に初出演

6月
タワーレコードが立ち上げたアイドル専門レーベル「T-Palette Records」に所属

12月
ウレぴあ主催
「あなたが選ぶ2011年ベストアイドルソング日本一決定戦」において『恋のEXPRESS TRAIN』が第1位獲得

2012

1月
『圧倒的なスタイル』がフジテレビ「めちゃ×2イケてるッ!」エンディングテーマに選ばれる

2月
「YATSUI FESTIVAL」初出演
ベストアルバム『Negicco 2003~2012 -BEST-』リリース

3月
ワンマンライブ「BEST OF Negicco」(渋谷VISION)

『Negicco 2003~2012 -BEST-』
(2012)

恋のEXPRESS TRAIN
(2011)

GET IT ON!
(2011)

Negicco History 2012-2013

2012

4月
フジテレビ「笑っていいとも!」のコーナー「我が社のイチ推し」出演

8月
「TOKYO IDOL FESTIVAL」初出演

9月
ワンマンライブ「Negicco Live in LOTS」(NIIGATA LOTS)

12月
ワンマンライブ「Negicco Christmas Story」(代官山UNIT)
NHK Eテレ「Rの法則」7月、10月の出演に続き、12月31日「Rの法則 特別編」に出演

あなたとPop With You!
(2012)

完全攻略 (Live Edit) / We LOVE OT
(2012)

第一印象で『ネギ?』という方もまだまだいらっしゃるので、

もっと音楽を聴いていただけるように成長したい(Kaede)

新潟日報「シングル発売・Negicco 夏らしさで魅力全開　9月、新潟で10周年ライブ」2012年7月16日

2013

3月
「にいがた観光特使」に就任

7月
1stアルバム『Melody Palette』リリース
結成10周年を迎える

1st Album『Melody Palette』(2013)

8月
ワンマンライブ「Melody Palette ～お気に入りのパーティーへ～」
(2部構成・新宿BLAZE)

10月
FM NIIGATA「ネギStyle」放送開始
初のホールワンマン「Negicco Best!!! 10年分のありがとう Negicco 10周年ワンマンライブ!」
(新潟テルサ)

ときめきのヘッドライナー
(2013)

アイドルばかり聴かないで
(2013)

愛のタワー・オブ・ラヴ
(2013)

私たちをここまで育ててくれたのはconnieさん。この曲で絶対ベストテンに入りたい（中略）いま一番、新潟の人に応援してもらいたい。私たちを見てほしい

新潟日報「Negicco 新曲「光のシュプール」雪景色のラブソング 2日発売 長岡で記念ライブ ミュージックビデオ 初海外ロケ挑戦」2014年12月1日

2014

7月
ワンマンライブ「Road of Negi-i-i-i-i ～Negicco One Man Show～」（渋谷WWW）

9月
ワンマンライブ「NEXT DECADE 2014 ～奇跡を起こす！この街から～」（新潟市民芸術文化会館りゅーとぴあ 劇場）

10月・11月
2daysワンマンライブ「Road of Negi-i-i-i-i ～Negicco One Man Show～ 2014 Autumn」（代官山UNIT）

12月
シングル『光のシュプール』がオリコン週間シングルランキング5位獲得（2014.12.15付 12月1日～7日集計）

光のシュプール
（2014）

サンシャイン日本海
（2014）

トリプル! WONDERLAND
（2014）

ひとつ言えるのは、

Negiccoは、誰かにやらされているわけじゃなく、自分たちの意志で活動をずっとやってきたってこと。

そこはちゃんと評価してもらえているんじゃないかな（Megu）

月刊にいがた
「INTERVIEW entertainment pickup!」
2015年2月号

2015

1月
2ndアルバム『Rice&Snow』リリース
主催ライブ「NEGi FES 2015 at LIQUIDROOM」（LIQUIDROOM）
ワンマンライブ「Negicco at LIQUIDROOM Road of Negiiiiii ～Negicco One Man Show～ 2015 Winter」（LIQUIDROOM）
フジテレビ「めざましテレビ」出演

2月～5月
初の全国ツアー
Negicco First Tour「Never Give Up Girls!! &Rice&Snow」（赤坂BLITZ・新潟県民会館大ホールを含む全国17カ所）

2月
「東アジア文化都市2015新潟市」の文化親善大使に就任
NHK「MUSIC JAPAN」出演

4月
坂本真綾トリビュートアルバム『REQUEST』参加

2nd Album『Rice&Snow』
（2015）

『これはアイドルの曲じゃない』

と言われるような
難しい曲もあったけど、
以前より曲を理解して
表現できるように
成長しているかなと思う。
最初は不安でも、
歌えた時はうれしいし、
自分たちの新しい一面に
出合える

新潟日報「Negicco成長の一枚 あす3枚目アルバム発売
7月NHKホールでライブ」2016年5月23日

2015

6月
「にいがた発信プロジェクト」の一環として
制作されたNegicco feat.小林幸子
『にいがた☆JIMAN!』(小西康陽プロデュース)を
YOU TUBEにて公開

7月
埼玉・所沢航空記念公園 野外ステージにて
NEGiFES開催

8月
シングル『ねぇバーディア』が
オリコン週間シングルランキング7位獲得

ワンマンライブ「Negicco
at 日比谷野外大音楽堂
Road of Negiiiiii～
Negicco One Man Show～
2015 Summer」(日比谷野外大音楽堂)

HARD OFF ECOスタジアム新潟で
行われたロックフェス
「音楽と髭達」出演

NHK「MUSIC JAPAN」出演

9月
「Perfume
Anniversary 10days
2015 PPPPPPPPPP
Perfume FES!! 2015
～三人祭～」出演(日本武道館)

ねぇバーディア
(2015)

2016

10月
読売テレビ「ダウンタウンDX」出演

11月〜12月
「Negiccoと、ツーマンにくりだそうツアー!!!」開催（全国5カ所）

12月
「NEGI祭〜2015忘年会〜supported by サトウ食品」開催（新潟市民芸術文化会館りゅーとぴあ コンサートホール）

2月〜5月
「Negicco Second Tour "The Music Band of Negicco" supported by サトウ食品」開催（全国9カ所）

7インチ限定シングル
土曜の夜は
（2016）

矛盾、はじめました。
（2016）

2016

5月
3rdアルバム『ティー・フォー・スリー』リリース

7月
13周年を祝うNegicco 13th Anniversary×TOWER RECORDS SHINJUKU
「Negicco 13回目の結成記念日」開催

NHKホールにて
Negicco 13th Anniversary
「Road of Negiiiiii
～TADAIMA～ 2016 Summer
at NHKホール」開催

8月
日本海夕日コンサート

所沢航空記念公園 野外ステージにて
NEGiFES開催

10月～11月
「Negicco Tour2016
原点回帰のホールツアー2本立て！」開催

新潟県内のホールを巡るツアー
「ホームでホール
supported by サトウ食品」（全国4カ所）

ネギの産地のホールを巡るツアー
「ネギの産地でこんにちネギネギ
supported by サトウ食品」（全国5カ所）

愛、かましたいの
（2016）

3rd Album『ティー・フォー・スリー』
（2016）

前回、新潟愛が
ちゃんと伝わるアルバムを
作れたので、
次のステップとして、
今回は
Negiccoの
等身大を形に
したかったし、
ジャケットも
そのイメージで
撮って
頂いたんです
（Nao☆）

月刊にいがた
「INTERVIEW entertainment pick up!」
2016年6月号

2017

12月
新潟・苗場プリンスホテル内ブリザーディウムにて
ワンマンライブ2days
「私をネギーに連れてって in Naeba
supported by サトウ食品」開催

1月
私立恵比寿中学とNegiccoによる
合同ライブ「新春特別公演私立恵比寿中学
×Negicco〜当日までには仲良くなろうね〜」
開催（大宮ソニックシティ 大ホール）

3月〜4月
ライブハウスツアー
「SPRING 2017 TOUR
〜ライブハウスのネギ〜
supported by サトウ食品」開催
（全国4カ所）
ファイナルはZepp Diver
City TOKYO

7月
結成14周年、15年目突入を記念し
2枚目のベストアルバム
『Negicco 2011〜2017
-BEST-2』リリース

『Negicco 2011〜2017 -BEST- 2』
（2017）

星のかけら
［Megu］（2017）

今までは、売れたいとかテレビにたくさん出るような存在になりたいと言ってきましたけど、今は、そういうことじゃなく、ずっと長く続けて、皆さんに愛され、皆さんの生活に寄り添っていけるようなグループになりたいと思っているんです
（Nao☆）

月刊にいがた「INTERVIEW entertainment pickup!」2017年2月号

2017

10月
新潟・北方文化博物館にて
NEGi FES 2017を2days開催

10月～11月
ネギの産地をまわるツアー
「Autumn 2017 Tour
～ネギの産地でこんにちネギネギ2～」
開催（全国7カ所）

11月
ワンマンライブ
「Road of Negiiiii
～Three Never Give Up
Girls!!!～ 2017 Autumn
at 新潟県民会館」開催

12月
苗場プリンスホテル内ブリザーディウムにて
ワンマンライブ2days
「私をネギーに連れてって in Naeba 2017」
開催

菜の花
[Nao☆]（2018）

カリプソ娘に花束を
（2018）

CONNIE SIDE OF NEGI SOUNDS
（2017）

あの娘が暮らす街（まであとどれくらい？）
[Kaede]（2017）

大きな会場でライブをしたり、フェスを開いたりして、県内外から人が集まってくれるようになった。

新潟日報「Negicco結成15周年 未来感じる自信作 4thアルバム『MY COLOR』念願の舞台で記念ライブ 21日・朱鷺メッセ」2018年7月16日

恩のある新潟に人を呼べるようになり、うれしい（Kaede）

2018

2月〜3月
ライブツアー「SPRING 2018 TOUR 〜あなたの街に花束を〜」開催（全国6カ所）

3月
3カ月連続となるツーマンイベント「Negiccoの、ツーマンにようこそ in NIIGATA LOTS」開催

6月
ライブツアー「COUNTDOWN TOUR to the 15th ANNIVERSARY『Negicco with you』」開催（全国4カ所）

7月
4thアルバム『MY COLOR』リリース
古町商店街にてフリーイベント「FURUMACHI LIVE2018.07.20」開催
「love my 15years at 朱鷺メッセ」開催

9月
「Negiccoの、ツーマンにようこそ in NIIGATA LOTS 特別篇『MAXねぎ9.28』」開催

10月
新潟・北方文化博物館にてNEGi FES 2018を開催

11月
中野サンプラザにて、アルバム『MY COLOR』を「re-live（追体験）」&「re：live（新たな形でライブ表現）」することをテーマにしたワンマンライブ「re-live MY COLOR」開催

12月
苗場プリンスホテル内ブリザーディウムにてワンマンライブ2days「私をネギーに連れてって in Naeba 2018」開催

ただいまの魔法
[Kaede]（2018）

4th Album『MY COLOR』
（2018）

いつかきかせて
[Megu]（2018）

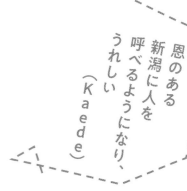

前は「大きな会場でやりたい」って 目標があったんですけど、
それより今は「この3人で長く続けていきたい」って気持ちが強くて。それが私の夢ですね(Megu)

月刊にいがた
「Artist's Voice」2019年10月号

2019

1月
ジョイントライブ「エビネギ2」「エビネギ3」「エビネギ the FINAL」開催

2月
Nao☆が結婚を発表、同年4月入籍

7月
新潟・佐渡おんでこドームにて「Negicco結成16周年コン佐～渡!!!」開催

9月
マキシシングル『I LOVE YOUR LOVE』リリース
新潟・北方文化博物館にてNEGi FES 2019を開催

10月～11月
「MAXI SINGLE RELEASE TOUR "MAXI"」開催(全国7カ所)
ツアーファイナルは江戸川区総合文化センター

11月～12月
苗場プリンスホテル内ブリザーディウムにて
ワンマンライブ2days
「私をネギーに連れてって in Naeba 2019」開催

今の私は変わり続けて
あの頃の私でいられてる。
[Kaede](2020)

Remember You
[Kaede](2019)

I LOVE YOUR LOVE
(2019)

深夜。あなたは今日を振り返り、また新しい朝だね。
[Kaede](2019)

クラウドナイン
[Kaede](2019)

早くみんなにも会えるといいな

と思いつつ、配信ライブやインターネットサイン会など、こういう状況だからこそ前向きに、自分たちができることを発信する（Nao☆）

月刊にいがた「Artist's Voice」2020年9月号

2020

6月
Meguが結婚を発表、入籍

7月
「Negicco結成17周年記念オンラインアコースティックライブ」を無観客生配信で開催（会場は新潟県政記念館）

8月
マキシシングル『午前0時のシンパシー』リリース
全5会場をまわる新潟ツアー「2020夏、新潟巡り」が中止となり、「2020夏、配信巡り」を無観客生配信で開催（会場は小千谷市民会館、秋葉区文化会館、安田温泉 劇場かわら座、新潟市江南区文化会館・音楽演劇ホール、長岡リリックホール シアター）

10月
「NEGi FES 2020 ONLINE」を無観客生配信で開催（会場は新潟ユニゾンプラザ）

11月
ワンマンライブ「葱園ダンスホール〜踊りと音楽〜」を無観客生配信で開催（会場は神奈川・クリフサイド）
苗場プリンスホテル内ブリザーディウムにて「私をネギーに連れてって in online 2020」を無観客生配信で開催

12月
Negicco クリスマスイベント「We Wish You A Neggy Christmas! 2020」を無観客生配信で開催（会場は新潟・NIIGATA LOTS）
Kaedeが結婚を発表、翌年1月入籍

gift songs
[Nao☆]（2020）

秋の惑星、ハートはナイトブルー。
[Kaede]（2020）

午前0時のシンパシー
（2020）

ベスト☆フレンド
[Nao☆]（2020）

楽しいことも、ツラいことも含め。でも、そういういろんな時期を乗り越えてきたから、今が一番、3人の関係がいい状態だと思っていて。互いの大切さに気付いているし、「この3人で続けてこれて良かった」と心から思うし。それと、何よりファンの方がNegiccoがどんな形であれ応援してくれたからこそ、今もこうして続けられているので――そこは本当に感謝してもしきれないくらいですね（Nao☆）

月刊にいがた「Artist's Voice」2021年8月号

2021

2月
「サトウ食品Presents Negicco1日限りの特別配信ライブ」開催

2022

5月
Nao☆が第1子出産

10月
Kaedeが第1子出産

12月
Meguが第1子出産

サイクルズ
[Kaede]（2021）

Youth - Original Soundtrack
[Kaede]（2021）

ねこの夢
[Megu]（2022）

So good
[Megu]（2021）

太陽と星の狭間で
[Megu]（2021）

やっぱり、自分の人生をNegiccoに捧げているので——
生活も、今も、その先も全部Negiccoなので
（Megu）

本当に今のNegiccoだから歌える曲が詰まっていると思います。（中略）まさに、「これを歌えるのは今の私たちしかいないよな！」っていう作品ですよね
（Nao☆）

自分たちの人生の節目を経ても、変わらずに応援してくださる方がいるのは本当にありがたいことだし、こうして新しい作品を届けられることもすごく幸せで——
（Kaede）

月刊にいがた
「Artist's Voice」2023年7月号

2023

4月
「RYUTist SEASON3 LAST TOUR “古町前夜祭”約束の場所」にサプライズゲスト出演
Nao☆生誕祭「35th Birthday Live~happy today~」（NIIGATA LOTS）
Megu、Kaedeがサプライズ出演。
「ゴールデンウィークの八木橋百貨店で感謝祭2023（祝！20周年）」で3人そろっての活動が本格的に再開

5月
ワンマンライブ「二十葱、武蔵野。-アコースティック-」開催（武蔵野公会堂）

7月20日
Negicco結成20周年を迎える

7月～8月
結成記念ライブ「Negicco 20th Anniversary Live ~MY LIFE is Negicco~ supported by サトウ食品」開催
（新潟県民会館、渋谷公会堂）

白いスターダスト
[Megu]（2022）

結成20周年記念ミニアルバム
『Perfect Sense』（2023）

悠久の星
[Nao☆]（2023）

何回もドアを叩くんだ!
[Nao☆]（2023）

光の射すままに
[Kaede]（2022）

Nao☆

20周年に向かう気持ちを聞いたパーソナルインタビュー、
まずはリーダーNao☆の登場だ。結成時のエピソードから
まだ大きな評価を受ける以前の話が中心に進むなか、
彼女の反骨心とバイタリティーがグループを牽引《けんいん》していたと、よく分かる。
Nao☆がリーダーだからこそNegiccoは力強く歩んで来れたのだ。

聞き手＝笹川清彦

やっぱり、Negiccoがここまで来れたのは
新潟を大事にしてきたからというのが一番にあると思う

Nao☆

――Negicco結成20周年にちなみ、その歴史を振り返るインタビューをメンバー個々に行っていくわけですが、トップバッターはNao☆さんです。ちなみにNao☆さん、記憶力は良い方でしたっけ？

いや、悪い方です（苦笑）。ぽんちゃ（Megu）とかえぽ（Kaede）は良い気がするけど、私は……昔のことをどこまで覚えているか、ちょっと不安ですね。

――（笑）。今日はじっくり質問していくので、よろしくお願いいたします。まず、「結成20周年」というキーワードを聞いて、Nao☆さん自身はどんな思いが湧き起こってくるものでしょうか？

「2003年に1カ月限定で結成されたグループが、よく20周年まで来れたなぁ！」って。もう、奇跡というか――たくさんの方とのつながりとかいろいろあってNegiccoが続いているので、感謝の気持ちでいっぱいです！

――ほぉ。これは奇跡だという実感が、ご本人にもあると。

決して天狗《てんぐ》になっているわけじゃなく、周りからも「Negiccoって存在は、すごいよね」みたいに言われることが、最近多くて。本当にありがたいことだと思っているんですけども。

――その「○周年」というメモリアルタイミングに関しては、過去に10周年や15周年もあったわけですが、Nao☆さんの中では違う感覚だったりしますか？

そうですねぇ……。質問の答えにならないかもしれないんですけど、節目節目で、ステップアップじゃないけど、新潟県民会館とか朱鷺メッセとか、自分たちが立ちたかった新潟のステージに立つことができて。で、そのたびに自分たちでは思い描いていなかったような素晴らしい景色をステージから見ることができるんですよ！ そこで「ああ、続けてきて良かった！」って思うんですよね。「途中、いろいろと大変だったけど、結局は続けられて、こうしてステージにいるってことがすごいな。奇跡だよな」って、そのたびに感じます。

――なるほどね。今日2022年4月時点では、まだコロナ禍でライブという場は制限が多い状況なんですが、来年2023年の20周年は元気な姿をステージで見せられるといいですね。

ええ、今はそういう気持ちで過ごしています。「20周年のときにステージに立ちたい！ やっぱり自分の好きな場所はステージの上なんだな」って、すごく思っているので。

――そんなNao☆さんですが、今月10日に誕生日を迎えて34歳になられました。来年が結成20周年ということは……、考えてみると人生の半分以上がNegiccoなんですよね？

はい（笑）。ファンの人たちがみんな、それをメッセージなどで書いてきてくれて――「人生の半分以上がNegiccoで、2人（MeguとKaede）と一緒にいるんだね！」って。もともとは10代で芸能スクールに入ったところから始まって、Negiccoを結成し、今この年齢になっても応援してくれる人がいる――しかも、節目節目で結婚や妊娠報告をしてもお祝いしてもらえることが奇跡というか……。本当に「ありがたいな！」という気持ちが一番ですね。

――そのNegiccoの結成が2003年の7月で、当時、Nao☆さんは15歳の中学3年生。それ以前は、今言われた通り地元新潟の芸能スクール「アップルリトルパフォーマーズ」で活動されていました。改めて、Negicco結成のころの思い出を聞かせてもらえますか？

スクールには1期生で入って、そのとき私は小学校5年生だったんですけれども、そこで一番初めに声をかけてくれたのが、ぽんちゃで。で、（Negiccoの）オーディションの合格者発表があったときにぽんちゃの名前があって、「あっ、やっぱり！」と思ったんです。そのころから、ぽんちゃとはずっと縁があって途切れない気がしていたんですね。で、かえぽは、ミュージカルに出たときに「かわいい子だな」と思って見ていたし……、2人も一緒にスタートしたNegiccoは、当初「1カ月限定」と言われていたけど、そんな感じはしてなかったんです。なんか、終わる気がしなかったというか。

――へぇ。それは何で、ですか？

何で、ですかね？（笑）。……なんか、まだ有名じゃないながらも、Negiccoにすごく感じる部分があって。意外に反応も良かったし――その後、スクールの中でいろんなイベントが企画されるときに、Negiccoが毎回呼ばれるような存在になっていったりもしたし。

――このメンバーなら、1カ月どころか、もっとやっていけそうな気が最初からしていたわけだ。でも、それが30代まで続くとまでは思っていなかったでしょうね？

（笑）。そうですね、ホントに。終わる気もしなかったけど、ここまで続くのはもっとびっくり！（笑）。だって、中学生のときに30歳とか30代といったら、けっこうな大人だったので……。

――当時のNao☆さんは、個人的にどんな未来図を描いていたんですか？

26歳くらいに結婚して〜、とかは思っていたけれど（笑）。ただ、（もしそうなったら）「それ、アイドルって言えるの？　そういう年齢ってどうなの？」と言われるんじゃないか、ってところもあって。アイドルとしての期限が終わっている、とかね。「じゃあ、私ってどうなるんだろう？」と思うこともあったんですけど――。でも、一度ステージの上に立つとあの感覚って絶対忘れられないんです。あと、「声優になりたい」とか、そういう自分なりの夢もあったし……、Negiccoの将来性がまだ分からないときはいろんなオーディションも受けていたし。「（グループのモチーフが）ネギだから、バラエティ番組でコミカルに扱ってもらえるかな」とか、そんなことを思いながら受けたオーディションもありました。でも、そんなに面白がられなくて（苦笑）。方言があるところを強みにしたりもできなかったし――実際、メンバーは方言を使ってないし、そこで嘘をついてまでやるっていうのは、Negiccoの中にはなかった。だから……、そんな自分たちが、「楽曲が良いって言われるようなグループになりたい！」と思うようになったのはいつごろからだったのかな？　多分、T-Palette（※「T-Palette Records」）に入ってから、より強く思うようになったというか、（初期からずっと楽曲を提供している）connieさんの曲は大好きだったし、「Negiccoの曲って良いよね！」と言ってもらえるグループになることが、自分たちが求めていたものだったのかな、と思います。で、最近、三浦大知さんがNegiccoの楽曲を歌ってくださり、「上質のシティポップを歌っているアーティスト」なんて言ってくださったんですけど、今そういうグループになれたってことが一番、「やってきて良かったな」と感じるところで。自分たちが続けてきたことは間違いじゃなかったっていうか。

――なるほど。ちなみに先日、NegiccoとRYUTistの事務所が共同で新潟の新しいアイドルを発掘する「DRAWAPPSオーディション２０２２」があって、Nao☆さんも客席からオーディションの様子をずっと見ていました。自分たちの結成当初のことを思い出した場面もあったりしたんじゃないですか？

そうなんですよ！（審査員をしていた）ぽんちゃと、DRAWAPPSオーディションの後に「ウチらは、あんなきらびやかなステージを用意してもらえなかったね」って（笑）。出演者の保護者の皆さんが心配そうに見守っていたり、終わった後に一緒に喜んでいる姿とか、親御さんもすごく一生懸命で、「なんか……私たちのスクールのころを思い出すね」って話をしていました。

――そういう親御さんへの感謝とは別に、自分として、初心に返るような気持ちのフィードバック的なものはなかったんでしょうか？

オーディションを受けていたみんなから、「新潟から大きいステージに向かっていきたい！」って気持ちがすごく伝わってきたんですよね。やっぱり、「Negiccoがここまで来れたのは、新潟を大事にしてきたから」というのが一番にあると思っているんです。私は当時、「大きくなるんだったら東京に行かなきゃ!!」って気持ちでいたので――また、その葛藤で「Negiccoを辞めようかな……」と思ったこともあったし。ただ、地元を大切に、地元で大きくなるっていうのがどれだけ大事なことなのかをNegiccoの活動を通して学んだというか、それが今のNegiccoなので――。「きっと、みんなの中にも葛藤があるだろうし、『これもやりたい、あれもやりたい』って気持ちもすごく分かるし……」みたいな、そういういろんな感情でDRAWAPPSオーディションを見ていましたね。

――確かに、「新潟」というキーワードの存在は大きいですよね。そもそも、『やわ肌ねぎっ娘』という新潟名産のネギをPRするキャンペーンのために結成されたグループだったりしますし。

ええ、それでNegiccoだったんですけども。……正直、名前までネギになるとは思わなかったんですが（苦笑）。

――Nao☆さんは当時、ネギを嫌いだったという有

Nao☆

名な逸話もあります（笑）。でも、やわ肌ねぎを1カ月間PRするグループのオーディションだったので、当然、「ネギは好き？」みたいな質問も出たわけでしょう？

私、そこで「好きじゃないです」って、ちゃんと言いましたから！（笑）。もともと、私が唯一、これは受けないと言っていたオーディションだったのに、親が勝手に申し込み用紙を送って、出ることになっちゃって。だから、申し訳ないんですけど、途中で歌詞が飛んでしまって、あれだけ気持ちの入らない感じのオーディションは初めてで（苦笑）。で、言われたように、審査員の方に「ネギは好きですか？」と質問され、「嫌いです」って答えたし……、「これは絶対、落ちたな」と思っていたら、受かっちゃったっていう。ホント、よく受かったと思いますよ。

――（笑）。まあ、そこで「ネギは嫌い」なんて言ったのはあなただけだったでしょうが……。

いや、実はぽんちゃもそう言ったんですって。でもぽんちゃは、ちゃんと「受かりたい」という気持ちで受けて「嫌い」と言ったらしいから、「それはエラいな」って私は思ったんですけど（笑）。ちなみにかえぽは、本当にネギが好きだから「好き！」って言ったらしいです（笑）。

――真面目な話、そういう自然体の素直さも高評価を受けたんでしょうね。

（笑）。そうですね、正直さが良かったのかな。もちろん、「受かったらちゃんとやろう！」と決めてはいたんですが。

――そうして２００３年にNegiccoがスタートするわけですが――翌２００４年にはＮＨＫ「ポップジャム」に出演、そしてデビュー曲『恋するねぎっ娘』の全国流通盤リリースと、全国に向けての発信も早々に始めていたようですね？

「ポップジャム」のときは、『恋するねぎっ娘』を歌ってメチャクチャ反応も良かったので、（これで）「売れた−!!」と思って。でもその後、特にオファーが増えるわけでもなく（苦笑）、「……これが現実なんだな」って愕然《がくぜん》としました。

――ただテレビに出れば売れるわけじゃないっていう。そこから、地元新潟での地道な活動が続く数年をNegiccoは過ごしていくことになりますね。

はい。当時は、町の夏祭りとか、そういうイベントのお仕事が多くて。熊さん（当時のマネージャー／現・所属事務所会長の熊倉維仁氏）が持ってきてくれる仕事を懸命にこなしている毎日でした。だから、仕事が途切れているイメージはなかったし、モチベーション的には高くいられたところはあって。スクールはもうなくなって先生もいなかったけれど、そういうステージがあるから、何とかみんなで気持ちを下げないでいられるよう、いろんなグループのＤＶＤを２人に見せたりしながら「Negiccoとして、ステージに立つ！」って気持ちを常に持つようにしていました。

作られたグループではなく、自分たちで意思を持って発言していくことが大事だと思っていたんです

――当時のステージで、特に強烈に覚えている現場などはありますか？

ああ……お祭りとかで言うと、かえぽは学校があって、ぽんちゃと２人である町のお祭りステージに出たとき、本番の途中で何か投げようとしている人がいて――２人で内心「ひぃ……」って構えていたら、飛んできたのは、お菓子に挟まった千円札だったという。

――（笑）。投げ銭みたいなものだったと。

そうそう。そのステージ、すっごく反応が良くて、皆さんが喜んでくれて！　で、ステージ後に、熊さんにその千円札を５００円ずつ分けてもらいました（笑）。あと、それとは別の、まだＭｉｋｕちゃんがいたイベントで、ピンポン玉を投げ返されたことがありまして――。

―― ピンポン玉？ それはどういうイベントだったの？

当時から、Negiccoは作られたグループではなく、自分たちで意思を持って発言していくことが大事だと思っていたし、常にお客さんが喜んでくれることを考えながらステージに上がっていたんです。そのときはちょうど、お父さんの知り合いのスポーツショップの方が「いらなくなったピンポン玉があるんだけど、いる？」って言ってくれていて――「そうだ！ ピンポン玉にサインを書いて投げればお客さんが喜んでくれるはず」と思い、私からその企画を提案して。で、実際にステージでそのサイン入りのピンポン玉を投げてみたんですけど……、傘を持っている人に打ち返されたり、撤収のときに踏みつぶされていたピンポン玉を見つけたりとか、何かすごい……今思い出すだけでも切なくなるような経験になっちゃったんですが。

―― 良かれと思ってやったのに、それはちょっと傷つきますね。

まあ、今だったらみんな「ワー!!」って喜んでくれると思うんですけど、当時はまだそういう感じもあって。みんながみんな、やさしいわけじゃないっていうか。

【（脇にいた）熊倉さん】そのステージは3～4組のアイドルが集まるイベントで、（ピンポン玉の企画を）Negiccoのファンは喜んでも、そうでない人たちは興味が全然なかったんだろうね。「俺らの応援しているグループはこれだ！」って言い合うような、変な緊張感みたいなものもあったし。

―― そうでしたか。僕は今の話から二つ感じることがあって。一つは、Negiccoって、初期段階からスタッフが決めたことをやるだけでなく、自分たちが「こうやったらお客さんは喜んでくれるんじゃないか？」という思考回路を持っていたのが重要なポイントだなと。

そうですね。プロデューサーさんとかに言われることだけを「はい」と聞くようなアイドルにはなりたくなかったので。当時だと、例えばＡＡＡさんが『ATTACK ALL AROUND』（※２００８年発表、ＡＡＡ初のベストアルバム）を自分たちで作り出していく、みたいな姿がすごくカッコよく感じていたから――やっぱり自分たちも意思があってやっているし、こっちから何かを提案していくことが気持ちの向上にもつながると思っていたんです。スクールがなくなり自分たちには何も（母体が）残っていなかったし……、だったら少しでもお客さんに喜んでもらえることとか、自分たちのポテンシャルが上がることをやった方がいいなと。だから、そういうミーティングもけっこう頻繁に開いていましたし。

―― なるほど。で、もう一点は、その「こうすればいいんじゃないか」との気持ちから実践したことが、さっきのピンポン玉の話のように思う結果にならなかったことも多々あったはずで。そういうときでも、くじけずに前へ進めた背景には何があったんでしょうか？

やっぱり、悔しい気持ち、ですね。当時は新潟でも知名度があるわけじゃないし、なんか……ピンポン玉を投げ返したり打ち返したりした人たちを見返したいっていう、その「悔しい！」って気持ちを常に持ちつつ、やっていたのかな。……そんな気持ちでアイドルをやるのもどうかと思うんですけど（苦笑）。

―― いや、分かる気がします。実際、その「悔しさをバネにして～」みたいなところがＮａｏ☆さんは強いですよね？

【熊倉さん】そう、そこはＮａｏ☆が一番強かったですね。イベントなどで控室の名前表示が（Negiccoではなく「ねぎっこ」と）ひらがなで書かれたりするのも「知名度がないからだよね」とよく言っていたし、そういう悔しさをバネにするタイプだった。そういう意味では心が強かったんだろうし。……だから、よく俺ともケンカしたよね？（笑）。

（笑）。当時は、今みたいな感じで（熊倉氏以外の）マネージャーさんが付いてもらえていたわけじゃないし、「熊さんは男の人だから、女の子のことが分からない……」とも思っていて。まあ、大人になった今は、当時は熊さんなりに自分たちのことを考えていてくれたのもよく分かるんだけど、あのころは、私が前もって「この衣装を着るから！ で、こういうものが必要だ、こういう靴じゃなきゃ！」とか、先回りして考えて2人に伝えないとダメで、本当に私が全部連絡していたんですよ。だから、マネージャー兼メンバーみたいな感じで、いろんなことに必死というか……。年齢的にも、思春期とか、言われたことを素直に受け入れられないときもあるじゃないで

Nao☆

すか？　だから熊さんとぶつかっちゃう部分もたくさんあったし、2人にも「うるさいな」って思われちゃう部分もたくさんあったんじゃないかな。そういう面での葛藤は正直、ありました。でも誰かがそれを言っていかなきゃいけないし、そういう人がいないとグループはダメなので――それがリーダーの役割だと思うから、気持ちを鬼にしてやっていましたね。

――完全にリーダーの仕事ですね。そんな中、オリジナルメンバーだったMikuさんが2006年の11月に卒業し、Negiccoは3人体制になります。この変化は、Nao☆さん的にもかなり大きかったのでは？

いやぁ、もう大き過ぎて！　Mikuちゃんはメンバーの中でも一番歌がうまかったし、「Mikuちゃんが抜けてNegiccoはダメになった」と言われたくなくて、歌をメチャクチャ練習して――。ほかのグループとかでも1人抜けただけで崩壊していった例を見ていたから、そうはならないよう、自分ではそのときすごく努力しましたね。

――そこもやっぱり、ピンチをバネにして動くというNao☆さんの気持ちがはたらいていたと。で、その後の1～2年も精神的に微妙な時期というか、各メンバーが高校を卒業して進学をどうするか決めるタイミングもそのころに訪れますよね？　進学に際し、グループ活動をどうするかっていう。

私は、これだけのために生きてきた感じだったので、この業界しか考えていなかったです。学校も、中学校から

高校に上がるときに先生が「ここだったらNegiccoの活動を続けられるよ」と薦めたところに行きましたし。ただ、「ぽんちゃとかえぽは……どうするのかな？」って不安はちょっとありました。その時点で「新しい夢ができた」と言われたらそれまで、ですから。だけど、2人も、ここまでつらいこともいっぱいありながらも一緒にずっとやってきているから、そんな簡単にNegiccoを辞めることはないって思っていたし――受験とかがあっても「帰ってくる場所を作っておくんだ」って感じで私は待っていたというか、頑張れたんですが。

――その後、Negiccoは、2009年に音楽バラエティ番組「勝ち抜き！アイドル天国!!ヌキ天」で、見事に勝ち抜いてグランプリを獲得します。当時、メンバーはここで優勝しなければNegiccoの解散を考えていたって話もありますが？

私はそう思っていました。Negiccoを続けていけるきっかけが何かしらないと心が折れちゃうというか、「もう限界かな……」って思うようなところでこの番組の話が来て。で、かえぽがけっこう情報通で、「すごい人が審査員をやっている番組だよ」と言っていて、かえぽが言うなら間違いないと思って出演を決めたんです。最初は、（最終的に勝ち抜くまで）7週もあるから「いいところまで行けたらいいな」くらいの気持ちだったんだけど、どんどんやっていくうちに本気になって――「これに勝ち抜けなかったら多分、メンタルも下がるし、ここがちょうど辞め時なのかな」って思うようになっていて。……

でも、あの「ヌキ天」は、本当は落ちていたんだけどチャンスをもらって、結果、グランプリを取れたんですよね。

――あっ、そうだったの？

落ちたというか、ある週に、審査員の方から「Negiccoをどうプロデュースしていいか分からないな」と言われ――でも、これで帰ったら残念な絵面だったし、もう解散というか私は辞めると思っていたので、言うことだけは言おうと思い、「（そもそも）Negiccoは誰にもプロデュースされていません！」って言ったんです。そうしたら「そうか。じゃあ、もう一回チャンスをあげる」ってことになって。熊さんもさっき話してくれたけど、そういう「悔しい！」っていう気持ちが私になかったらあのままだったかもしれない。周りのスタッフさんとかもNegiccoを応援して盛り上げてくれていたので……、あそこでちゃんとアピールして良かったと思っています。BiSHのアイナ（アイナ・ジ・エンド）ちゃんが、ワンコーラスだけ歌うオーディションで彼女だけフルに歌い、衣装さんが「彼女の衣装を作りたい」と言って落ちるはずだったのに受かったっていうことがあったらしくて。そういう「今しかない！」って気持ちで動くこともあるんですよね。

【熊倉さん】「ヌキ天」のときの裏側の話をすると、僕らが控室にいて、制作スタッフの方と廊下ですれ違うと「Negicco、応援してます！」って言われることが多くて。多分、そういうスタッフの人たちにも、一緒に戦っているような雰囲気で魅力を感じてもらえていたんじゃないかな。あと、ほかの大手プロダクション所属のグループもいる中で、「私たちは誰にもプロデュースされていません！」と、あの場で本人が伝えたことも大きかったんだろうし。

――そうですね。審査員に向け、自分たちで考えて活動しているという特徴を堂々と言い放ったのが功を奏したと。

はい。「こいつ、図太い」とか「キツイな」とか思われるかもしれないけど、「ここで言わなきゃ終わる！」と思ったので（笑）。

――で、結果的にグランプリを獲得し、翌２０１０年にはご当地アイドルを決める「エリア・アイドル No.1決定戦『U.M.U AWARD ２０１０』」で優勝して文字通り日本一のローカルアイドルに。さらに、２０１１年にはタワーレコードのアイドル専門レーベル「T-Palette Records」と契約します。この出会いもNegiccoの大きなターニングポイントになりましたよね？

T-Paletteに入って、まず記者会見で目が開かないくらいのフラッシュを浴びてびっくりしました（笑）。しかもT-PaletteからCDを出したらタワーレコードでの扱いがすごくて！ それまでは、新潟のショップでも自分たちのCDを「どこだろう？」って探していたのが、あんなに目立つ形で大きく取り扱ってもらえて、すごくうれしかったですね。親も喜んでいたし（笑）。

――あと、２０１２年には『圧倒的なスタイル』がフジテレビ「めちゃ×2イケてるッ！」のエンディングテーマというタイアップも実現しますね。

【熊倉さん】それは直接、フジテレビから電話をもらったんです。

――楽曲面で言うと、T-Palette Records所属になり、connieさん以外の作家による楽曲も増えていくことになっていきます。そういうコラボはどう感じていたんでしょうか？

connieさんの作る曲が好きだったし、やっぱり自分たちが歌う曲は好きじゃないと続かないですよね？ connieさんの楽曲でここまで来ていたので……、作家陣の方がどうこうじゃなく、どうNegiccoが変わっていくのかっていう不安はありました。でも、結果として今、自分たち自身が「Negiccoの曲って良いな！」と、ずっとリピートして聴いているので（笑）――ユッキー（※NegiccoのA&R・雪田容史氏。現在は所属事務所の社長）にNegiccoの担当になってもらえて良かったなと、すごく思っています。

――当時から現在に至るまで、雪田さんがいろんなアーティストとのつなぎ役を担っていますからね。

そうなんですよ。ユッキーのおかげで、いろんな人たちにNegiccoの楽曲にかかわってもらえるようになったし。ちなみにユッキー、Negiccoを初めて見た感想が「ヤバい」だったんですって。……ひど過ぎて（苦笑）。

――（笑）。ちょっと田舎過ぎる感じだったと。

私たちも（T-Palette Recordsのレーベルメイトだった）バニラビーンズさんを見たとき、すごく細くて「これが

今、Negiccoが自分の夢になったようなところはあって。だから続けたいし、自分たちでそれを見届けたい

芸能界の人なんだ」って感じましたから！　まあ、私たちは私たちなりに努力してきたつもりなんだけど……当時の写真を見ると、自分でも「ヤバいな」って思います（笑）。

――（笑）。で、その後2012年以降のNegiccoは、作品リリースやライブも含めた活動ペースと人気がどんどん右肩上がりになっていっていきますね？

周りの人から「右肩上がりだね」って言われても、私たちはあんまり分かってなくて。というか、ものすごく忙しかったので――心が崩壊しそうになるくらい（苦笑）、忙しかった。休みはないし、美容室に行く時間もない……、前日にいきなり「明日はこういう仕事で～」と言われるような感じのスケジュールで、ストレスがすごかったんですよ。そこは、2016年くらいから女性のマネージャーさんが事務所に入って、週に1日は休みを作ろうとしてくれてだいぶ解消されたんですけど、それまではとにかく怒涛《どとう》の日々でした。ただ、あそこで頑張ってなかったら今につながってないと思うし、「T-Paletteに入ったからには結果をちゃんと残したい」って気持ちではいたので――良い曲をずっと出しているけれど、何かきっかけがないと、ここでもう一段階上らないとこのまま終わるな、って思っていたので。だからこそ、『サンシャイン日本海』からの『光のシュプール』に至る流れは、とても大きかったんですけど。

――2014年12月にリリースしたシングル『光のシュプール』でオリコン5位にランクイン。その前のシングル『サンシャイン日本海』はオリコン11位を記録しました。

『サンシャイン日本海』が10位に入れなかったのがすごい悔しくて――それをバネにして頑張れて、『光のシュプール』につながって。そのころになると、音楽好きな人とか楽曲提供してくださったアーティストのファンの方が増えてきて、そこでまた（客層が）変わったというか。どんどん女性ファンの方も増えてきましたし……、ありがたいことに、ライブもいろんな場所でやれるようになっていって。野音（2015年8月の日比谷野外大音楽堂公演）もNHKホール（2016年7月に開催）もすごかったし、朱鷺メッセ（2018年7月開催の結成15周年記念公演）もそう。ああいう新潟の大きなホールでライブをするってことが――当時、立てるとは思っていない、見に行くだけのステージに自分たちが立つっていうのは、どれだけうれしいことだったか。あと、その（朱鷺メッセ公演の）前日にやった「古町どんどん」でのフリーライブも人がものすごくて！　親も見にきていて、「あんなに人が古町に集まるなんて！」と感動していましたから。

――そうして飛躍の時代に入ったNegiccoですが、個人的には、15周年を経て翌2019年から現在に至るまでが、Negiccoとして新たな時期に移行したと捉えているんです。そのポイントになる出来事が、2019年2月にNao☆さんが入籍を発表したことで――これはもう、いろんな意味で前代未聞でしたよね？　現役アイドルグループのリーダーが4月に入籍することを発表。しかもグループはそのまま活動を継続するっていう。

いやぁ、もう……なんか、それまでのNegiccoでは感じたことのないプレッシャーで。皆さんからどういう反応が返ってくるのか、（発表するまでの）1週間くらいはほとんど眠れなかったです。

――でも、本人としてはちゃんとファンに向けて発表し、Negiccoを続けたいという思いが強かったわけですね？

強かったです。だけど、それ（Negiccoを続けること）

は自分の意思だけではできないし、「私の発表でどう転がっちゃうのかな？」って不安は、とにかく大きくて。でも一方で、Negiccoをここまで応援してきて、歴史を分かる人たちから「おめでとう」って言ってもらえるかも……と思うところもあって。

――やはり、そこまで強い信念で長く活動し、かつ自分たちの意思をしっかりと伝え続けてきたうえであの発表があったからこそ、多くのファンに受け入れられたんだろうと感じます。仮の話ですけど、もしもっと以前にこの話が出ていたら同じ結果にはならなかったかもしれないわけでね。

そうですね。場合によっては、辞めることになったと思います。私としても、活動を数年続けただけで「結婚するんですけど、応援は続けてください」とは言えない。昔と今のアイドル事情が違ったとしても、そうは絶対言えないですよ。

――今一度確認しますが、Ｎａｏ☆さんの中ではNegiccoを辞めるという選択肢は全く浮かばなかったと。

全然なかったです。ここまでやってきて――２００３年からずっと頑張ってきた中で、自分には「Negiccoを続けたい！」っていう気持ちがちゃんとあったから、辞めるという決断はなかった。で、その気持ちを事務所も受け止めてくれて、私らしい発表はどうすればいいかを一緒に考えてくれて――。で、やっぱり、それまでもファンの人は私たちの気持ちが伝わったから応援してくれているんだと思ったので、だから「結婚しました」ではなく「結婚します」という形で発表したんです。

――その２０１９年、Negiccoとしては『I LOVE YOUR LOVE』のリリースやツアーもありましたが、この年からそれぞれのメンバーのソロワークもグループ活動と並行して動いていきます。この状況の変化についてはどう感じていますか？

それぞれの個性を活かした仕事も増えて、感謝しています。昔は「3人いなきゃダメ」って感じで、3人そろってじゃないと出演できないことがほとんどでしたから、ソロでもやらせてもらえるのはありがたいなと。また、そうして自分たちがやりたいことをやっていく中で、結果的にNegiccoとしての可能性もどんどん広がっていくと思いますし。

――その通りですね。そのＮａｏ☆さんのソロワークも、ここまでにシングル2枚、ミニアルバム1枚を発表しつつ、アートブックの発刊や事務所内の壁画作成、ハンドメイド商品を展開するネットショップなど、クリエイター活動をマイペースでやれている印象を受けますが？

小さいころから何かを作ることが大好きなので、Negiccoをやりながらそれを続けていけるっていうのは本当にうれしいですね。今、見ると「……何これ？」ってのもあったりするんだけど（笑）、そういう歴史を経ての今の自分なんですから、作品づくりに関してはもっといろいろやっていきたいと思います。で、ソロの歌に関しては、ちょうどコロナ禍とかぶってしまって、お客さんの前での披露ができていないので……そこはまだ、ちょっと不完全燃焼というか。きっと生で聴きたいと思ってくれている方もいると思うので、早くそういう日がくればいいなと。

――そういうソロワークも続けながら、２０２３年にNegiccoが20周年を迎えるわけですが――改めて、お聞きします。なぜNegiccoを20年も続けられたと思っているんでしょうか？

一言で言うなら、「人と人との縁」ですね。そういう縁が一番にあって、今があると思うので――。なんていうか……、やっていくうちにNegiccoが自分の夢になったようなところはあって。一生懸命考えて、「次の夢はこれ」とかではなく。分かりますかね？（笑）。今、「Negiccoがこれからどうなっていくんだろう？」ってのがすごく楽しみだし、それが自分の夢になっている。だから続けたいし、自分たちでそれを見届けたいし……、また、多くの方が「Negiccoをずっと続けてほしい」と言ってくださるっていうのは、「みんなの夢がNegiccoにあるんだな」っていうふうにも感じるし。そういう部分も含めて、やっぱり人と人の縁があってこそのNegiccoだと思っていますよね。

Nao☆

Megu

Negiccoの元気印「ぽんちゃ」ことMeguが、
ナイーブな内面も見せながら本音で語ったインタビュー。
「全力で歌い、髪が振り乱れようが何しようがキラキラしていてカッコいい！　そういう姿がアイドルの理想」と話す彼女の、人としての成長とその軌跡もここに刻まれているように思う。

聞き手＝笹川清彦

うれしいこともつらいこともたくさんあったけど、
今はより（物事を）ポジティブにとらえられるようになれた

Megu

―― 各メンバーへのパーソナルインタビュー、続いてはＭｅｇｕさんの登場です。いよいよ来年、Negiccoは結成20周年を迎えるわけですが（※このインタビューは２０２２年５月に実施）、そう言われるとどんな気持ちになりますか？

「いよいよ来たな」って感じです。10周年はあっという間で、15周年のときは「来たか！」って感じだったんだけど、そこから20周年まではすごく遠く感じて……（10周年からの）10年がちょっと重い感じはしていて。「それまで頑張れるかな」って一瞬、思ったりしたこともあったんですけど、今、来年まで迫っているって考えると、より実感が湧くというか。……前に「NEGi FES」で堂島孝平さんが出てくれた公演があって。そのときに堂島さんが、「Negiccoさんの20周年が見てみたいな。20年続けられるってカッコよくないですか！」と言ってくれたんですよ。それが実現するんだって思うと、やっぱりうれしいですよね。

―― 堂島さんが出演した「NEGi FES」は、２０１６年８月に埼玉県・所沢航空記念公園野外ステージにて開催。当時はまだ、結成から13年というタイミングですね。

そう、けっこう前ですよね？　あそこで堂島さんが言ってくれた20周年――それがいよいよ近づいてきちゃったな、って（笑）。

―― なるほどね。では、そもそも20年前、Negicco結成のころに記憶を巻き戻してもらいましょうか。当時、Ｍｅｇｕさんは14歳でした。

あのころの私は、スクール生で、ミュージカルスターになりたくてレッスンを頑張っていて――。ひとつの経験として、スクール内で開催されるオーディションには積極的に参加していたんです。もちろん、受かるものもあれば落ちるものもあって。Negiccoのオーディションもその中のひとつで、「元気で明るい子を募集中！」っていうキャッチフレーズが自分に合っているかもと思い、受けてみたんですね。ネギが好きかどうかはおいておいて（笑）。で、オーディション会場に行ったらＮａｏ☆ちゃんがいて――Ｎａｏ☆ちゃんとは、同じスクールの１期生で、ずっと仲良くしていたので――「Ｎａｏ☆ちゃん、受けるんだ？」って聞いたら、「実はお母さんが勝手に応募しちゃって……」って焦り気味で（笑）、「あっ、そうなんだ。でも一緒に受かったらいいね」って会話したのを覚えていますね。あと、結成当初のメンバーだったＭｉｋｕちゃんも仲が良い子だったので、「Ｍｉｋｕちゃんなら受かるだろうな」とは思っていて。かえぽのことは、当時は年代が違って私たちは先輩だったから、あまり話したことがなかったんだけど（※Ｎａｏ☆とＭｅｇｕがスクールの１期生、Ｍｉｋｕは２期生、Ｋａｅｄｅは４期生）、ただかえぽは、そのオーディションが終わった後に「あの子、すごく歌がうまかった！」って、みんながザワザワしていて。私も「すごいな～」という印象だったんですよ。

―― 先日、Ｍｅｇｕさんは新潟で新たなアイドルを発掘するオーディション「DRAWAPPSオーディション２０２２」に審査員のひとりとして関わられたじゃないですか。今言われたような自分の原点を思い出すことにもつながったのでは？

はい、思い出しました！　私、オーディションのときはミスばかりしていたので――Negiccoのときも、自分の名札を受付に忘れちゃって、それに気づいたときはもう取りに行けないタイミングで、仕方ないから自分の名前を大きい紙に書き、安全ピンで留めて名札の代わりにして臨んだっていう。その時点で、自分の中で思い描いていたオーディションの流れがくじかれ（苦笑）、本番でも、オーディション慣れしていたはずなのに目がキョロキョロし始め……「これはダメだな」と思ったんですけど、運良く受かることができて。後日、オーディションの審査をされた方にお会いする機会があって、「なんで私が受かったんですか？」と聞いたんです。そしたら「個性的で、なんか面白くて明るかったから」と言われ――歌やダンスの評価じゃなく、そういう印象で選ばれることもあるんだと知って。で、この間のDRAWAPPSのオーディションに参加した人たちにも、オーディションの前にそんなことを一言、伝えたんです。「リラックスして自分らしさが出せればいいよ。審査員はちゃんと見ているから」と。

―― 経験に基づく、素敵なアドバイスですね。

実際、DRAWAPPSのオーディションでも、歌やダンスの技術とかじゃない部分ですごく光る子がいて。「歌やダンスは練習していけばもっとうまくなるはず。それよりも今、なんか光っているものがある――この子はい い！」っていうのを感じて。結局、その子はオーディションで選ばれたんですよ。だから今後、どんどん磨かれていってほしいな、って思います。

――20年経ったら、逆に審査する側になったという(笑)。

そうですね、選ぶ側になってしまいました（笑）。でもみんな、すごく魅力的だと思いましたよ。最終のオーディションまで、それぞれがすごく頑張る姿も見ていましたし。

――夢に向かって一生懸命自分を表現する10代の子たちを見て、Ｍｅｇｕさんもいろんなことを感じたんでしょうね。ちなみに、14歳の少女Ｍｅｇｕは、自分の将来をどんな風にイメージしていたんでしょうか？

ああ……、漠然と、ですけど、ミュージカルスターの夢はあって。「それが仕事にできたらいいな」とか思いながら、毎週レッスンすることが楽しくて続けていたところはありました。

――なるほど。踊ったり歌ったりする仕事という点では、夢が叶ったとも言えそうですね？

そうなんですよね！(笑)。アイドルという全く予想もつかない仕事ではありましたけど（笑）。

――そのアイドルってジャンルに対する憧れはどうだったんですか？

グループのアイドルさんが好きで――特に、ももクロさん（ももいろクローバーZ）が大大大好きで！ モーニング娘。さんも好きだったんですけど、一番ハマったアイドルは、やっぱりももクロさんかな。自分の方が年上ですけど、憧れみたいな気持ちがすごくありました。

――ただ、Negiccoの結成時はまだ、ももクロの存在はなかったはずで。アイドルグループとしての未来像について、Ｍｅｇｕさん自身はNegiccoをどうイメージしていたんでしょうか？

正直、Negiccoは最初「1カ月限定のグループ」と言われていたので、「この活動が終わればまたスクールの日常が始まり、またオーディションを受けて～って日々になるんだろうな」って思っていたんです。そしたら、そのタイミングでスクールがなくなることになり――。そのときはもう、「……えっ⁉」って感じでしたね。私、1期生なので、8年くらいずっと通っていた学校が急になくなると言われたわけで……「これからは（レッスンがあった）毎週日曜日、どうしたらいいの？」って、まず思った。でも私たちは、本当にありがたいことに、1カ月限定だったグループをちょっと延長することになり、そのタイミングでスクールが閉校することが分かって。つまり、他のみんなは通う場所がないけれど私たちは活動する機会がまだ残されていたから――「ここで頑張らなきゃ、他の一緒に頑張ってきた人たちに申し訳ないな」って思いもあったし、みんなからも「頑張って！」って言われるし。……うん、その意味では（Negiccoの結成という）恵まれた環境が私たちにはありましたよね。

――で、結成当初のNegiccoは、比較的仕事もあるというか、週末ごとにいろんな出番があったと聞きましたが？

そうなんですよ。まだ熊さんが関わってくれる前だったけど、最初から古町ではイベントなどいろんなステージに出させてもらって。また、それくらいのときに今の音楽プロデューサーのconnieさんと出会ったんですが、connieさんの主催イベントに呼んでもらったりとか。あと、当時、ご当地アイドルブームというのがありまして、私たちが『恋するねぎっ娘』でデビューした年に（２００４年）、東京で「ご当地アイドル大集合！」ってイベントに新潟代表で呼んでもらったりとか、あの時代は各地でそういう仕事もあって。その流れから、２００４年11月に（ＮＨＫの人気音楽番組）「ポップジャム」に出演できるという奇跡が訪れて！「今、ご当地アイドルがブームになっているんです」みたいなコーナーがあり、その中の代表として、Negiccoと岩手のアイドルの方の2組が出演したっていう。

――ここまでの話を聞くかぎり、とても順風満帆なスタートですよね。当時は「私たち、このまま売れちゃうかも！」とか思ったりしたでしょう(笑)？

それは、ちょっと……ありました（笑）。でも、全然そうじゃなかったんですよ。その後、熊さんも付いてくれることになって、２００６年までは何とか頑張っていたんですけど……、（Negiccoの活動年表を見ながら）２００７年とか２００８年が、けっこう空白になったりして……。

――グループの構成的には、２００６年にオリジナルメンバーのＭｉｋｕさんが卒業し、現在の3人体制に

なった時期です。

そうですね。楽曲は幸いconnieさんが提供してくださっていたけど、（母体だった）スクールもなくなり、自分たちでこの先生が良いと思った方にお願いして振りを付けてもらったことも……。そういう自分たちでいろいろ決めてやらなくちゃいけない状況がこの2年くらいだったので――。

――当時は3人ともまだ10代後半だし、活動していく上ではいろんな面で厳しい状況だったと。

2009年に「勝ち抜き！アイドル天国!!ヌキ天」があるじゃないですか。アレが私たちにとってすごく大きい出来事になったんですけど、その前の数年間2006年から2008年あたりって、私は高校生のころで、進学とかいろんなことを考えなきゃいけなくて。「この世界で生きていく！」と強く言えないまでも、「この仕事は続けていきたいな」って気持ちはあり……、でもNegiccoはこんな、ちょっと混沌《こんとん》とした状態だし……。多分なんですけど、辞めるタイミングがあったらもしかして、ここら辺だったかもしれないです。

――実際にMeguさんの中で「ちょっとキツいな……辞めたいな」って感じる瞬間はあったんでしょうか？

いや、自分自身はそんな風に思ってなかったと思います。ただ、自分たちではどうにもならないこともあったりしていたから……。あと、地元の友達には、けっこう何でも言える仲だからこそ「まだアイドルを続ける気なの？」って言われたりはしたんですよ。で、アイドルの賞味期限というか、みんながどういう風に思っているかが分からなくて、「私は、続けられるなら続けたいんだけどなぁ……」と、世間とのギャップをそこで初めて感じたのかもしれないです。

ファッションと音楽につながりがある形――自分もそういう発信ができたらいいなと思っていた

――そんなMeguさんは、高校卒業後、新潟市にある服飾系の専門学校に進学します。ファッションが好きな自分の、将来の進路もそれなりに考えてのことだったんでしょうか？

やっぱり、ファッションには音楽につながるところもあるし。自分が好きだったアーティストのMEGさんが、服のプロデュースをやりながら音楽もやっていて、ファッションと音楽につながりがある形を見せてくれていたので――自分もそういう感じで取り込んで発信できたらいいな、とは思っていましたね。

――MEGさんに強い影響を受けていたと。同じ中田ヤスタカさんが楽曲に絡んでいたという共通点があるPerfumeもお好きでしたよね？

はい、MEGさんもPerfumeさんも大好きで！ Perfumeさんとは最初のころにイベントで1回共演したことがあって（2004年）、「素敵だな」と思っていたんですけど、（2005年に）メジャーデビューしたらものすごくカッコよくて！ おっしゃる通りMEGさんも曲を作っているのが中田さんだし、楽曲も自分のすごく好きな感じで、ファンとして応援というか、憧れましたね。

――で、Negiccoに話を戻すと、やはりターニングポイントは、先ほど挙げられた2009年の「ヌキ天」であり、その翌年2010年の「エリア・アイドルNo.1決定戦『U.M.U AWARD 2010』」での優勝も大きかったと思います。そのころのMeguさんの気持ちはどんな感じだったのでしょうか？

Negiccoで「ヌキ天」のオーディションを受け始めたのが、私が専門学校の1年生のときで、2年生からは就職活動も始めなければならないから、「ヌキ天」と並行しながら自分の将来のことを決めなきゃいけないタイミングだったんです。で、「ヌキ天」のほうもうまくいくのか不安だし、保険じゃないけど就職活動みたいなことはしていて……、それで書類審査も通り、面接も通り、っていう企業がひとつあって。そこの最終（面接）まで行ったというときに、「ヌキ天」でいいところまで行けて――正直、難しい選択だったんですけど、「このチャンスは今しかない！」と思い、就職するのをやめることにしたんですね。だから、「ヌキ天」に出るのが1年ずれていたら分からなかったというか。本当にタイミングだったと思います。「ヌキ天」でグランプリを取り、その副賞で曲を作ってもらったんですけど、その曲『ねぎねぎROCK～私もお家に連れてって～』と『プラスちっく☆スター』を（翌年の）「U.M.U」で歌って優勝したから、「ヌキ天」でグランプリをとっていなければ「U.M.U」にもつながらなかったわけで。

――そこでNegiccoは名実ともに「日本一のローカルアイドル」になり、明るい未来は開いてきたんですか？

開き……かけたのかな？（笑）。でもそうですね、「日本一」というのは大きい称号なので、新潟県のグループが1位を取ったことを皆さんが喜んでくれたとは思います。実際、「日本一を取りました！」と新潟県と新潟市に表敬訪問させてもらい、その様子を地元の新聞にも取り上げていただいたりして――その直後くらいに「古町どんどん」でのステージがあったんですけど、記事を見て、見に来てくれる人がすごく増えて！　「新潟県のNegicco」って、やっと認められた気はしましたよね。まあ、そこへ行くまで7～8年くらいかかりましたが（苦笑）。

――でも、その新潟愛というか、Negiccoってどんな状況でも新潟を拠点に活動し続けることを貫いたのが大きかったように感じますが？

Perfumeさんとか東京を拠点にしてからブレイクした姿も見ているから、（Negiccoも）東京のイベントに出たい、とか思っていたところはあって。だけど、熊さんと、あと、Ｎａｏ☆ちゃんも「新潟で続けることに意味がある。新潟の人に愛されなきゃ、どこへ行ってもダメだ」みたいなことをずっと言ってくれていて――正直、そのときは、「あぁ……そういう考えもあるのかな」って感じでピンと来なかったというか、理解できていなかったところはあったんです。でも今は、それがすごくよく分かる。（新潟を拠点に活動し続けてきて）本当に良かったですね。

――そしてその後、Negiccoはタワーレコードのアイドル専門レーベル「T-Palette Records」と契約し、さらなる飛躍の機会を得ることになります。

はい、それもNegiccoの歴史では大きなポイントです。ＣＤを地元のイベント中心に手売りで売っていたようなところが、全国各地のショップで買うことができるようになったっていう、その状況がまずうれしくて！　楽曲も、それまではconnieさんに曲を作っていただくことが多かったんですけど、（タワーレコードの）嶺脇社長の提案だったのかな？　一回、違うクリエイターさんにもお願いしてみようって話になり、connieさんが好きなNONA REEVESの西寺郷太さんに楽曲制作をお願いして（２０１３年２月リリースのシングル『愛のタワー・オブ・ラヴ』）。ずっとconnieさんの曲でやってきていたから（他者からの楽曲提供には）不安もあったんだけど、最初から雰囲気が変わるようなすごくカッコいい曲を提供してもらえたし、あの曲からオリコン（チャート）というものに入るきっかけにもなったので、上へ上がるためには大事なことだったな、って思います。

――同時に、この時期から全国規模のライブツアーも始まり、会社でいうと事業拡大ゾーンになり、どんどん忙しくなっていきますね？

でも、（それまで）暇な時期もあったので、忙しいのは普通にうれしかったです（笑）。新潟以外の東京や大阪、名古屋など主要都市に行ってライブをすることで、「ここまでNegiccoの曲が届いているんだ」ってお客さんに会って実感できたし、「小西さんの曲（小西康陽プロデュースのシングル『アイドルばかり聴かないで』）が好きでライブに来ました！」って人がいて、クリエイターさんを通してNegiccoを知ってもらうことが広がっていった感じで。（手元の活動年表を見ながら）２０１２年は……シングルを何枚か出し、『圧倒的なスタイル』の「めちゃイケ」エンディング、ベストアルバムの発売、新潟ＬＯＴＳでのライブ、とかもあったんですね。そう、個人的には、『圧倒的なスタイル』が「めちゃイケ」のエンディングに選ばれたのがけっこう大きなニュースでした。普段から見ていた番組だったし、まさかエンディングに流れるなんて思っていなかったんだけど、connie

Megu

さんからその知らせを聞き――でも、それまでに幾度となく良い話があってもダメになるという悲しい結果があって、Negiccoは良い話を素直に信じられないグループになっていて（笑）。だからあのときも、番組のエンディングが流れるまでずっと――3人で最初のオンエアを見ていたんですが――本編が全然頭に入ってこない中、エンディングを見て「ちゃんと流れてる！」と感動しましたよね（笑）。あと、この時期に出たベストアルバムが実は初めてのアルバムリリースで、東京のフォトグラファーさんがジャケット写真を撮影したり、衣装も自分たちで用意するのではなくスタイリストさんが用意してくれたりっていうのを初めて味わえて新鮮でしたし。結成10周年のときも、（2013年10月に）新潟テルサで初のホールワンマンができて、自分でも「すごいな」って思っていたら、次に（2014年9月に）りゅーとぴあ（新潟市民芸術文化会館）でのライブが決まり、その喜びもつかの間に（2015年5月に）新潟県民会館大ホールが決まり……と、夢がどんどん叶っていってる感じでしたね。あれくらいのときから、「新潟で頑張ってきたから、こういう景色が見られるようになったんだ」っていうのがようやく分かってきたというか。長い時間はかかったけど、新潟で地道に活動してきたからこそ、こういう形で自分たちの夢が叶ったんだな、と。

――そうしてNegiccoの状況が良くなってきたときに、よりステップアップを意識して東京へ出ることは考えなかったんでしょうか？

考えなかったです。同じようなタイミングで新潟と東京でライブがあり、それこそ毎週のように東京に行っていた時期もあったんですけど、東京はライブのために行く場所って感じで……。やっぱり新潟を拠点に活動していた方が自分たちらしいというか。実際、疲れていても（新潟の）家に帰ると安心するし（笑）。

――なるほど。そのころになると、もはやミュージカルスターの夢は吹っ飛んだようですね（笑）。

（笑）もう、すっかり消えていますね。完全に「Negiccoでやっていく！」っていう気持ちでいて。

――そうして2010年代はNegiccoがどんどん飛躍していくわけですが、Meguさん個人のトピックで見ると、2016年あたりに喉の不調がありましたよね？

そうですね。なんか、忙し過ぎて、自分でも気づかないストレスをすごくためていたみたいで……。2016年のアルバム『ティー・フォー・スリー』のレコーディングのころからだったか、（喉の不調を）メンバーに口にするのも、私のイライラや疲れで空気を悪くするのがイヤだから全部自分でため込んでいたら、しゃべることもできなくなっちゃって。ステージの袖で過呼吸になったりとか……、思ったように歌えなくなってしまった。正直、あのころが人生で一番つらかったですね。人として「……どうしよう？」みたいな感じで。

――その危機はどうやって乗り越えたんでしょうか？

自分の新たな歌い方を探そうと、ボイトレの先生を探したんです。で、自分の症状を話しながら一緒にできる先生が見つかって――私と同じような症状を経験された先生だったんですけど――そこで「今までの歌い方で歌うのも良いことだけれど、私（Ｍｅｇｕ）の声的にファルセットがとてもきれいな声質だから、そこをもっと伸ばしていったら素敵かも」と話してくださって。で、「歌い方を変えて、自分の良いところをもっと伸ばしていこう！」と思ったんです。それまでの自分らしさはちょっと変わるかもしれないけど、聴いた人に素敵な声って受け入れてもらえるように届けようと。それが15周年のとき（２０１８年）に出した『MY COLOR』のアルバムにも詰め込まれているかな。

――そうした「自分らしい表現の追求」が、この２０１８年のころから――ソロワークも含めNegiccoの活動に表れてきて、非常に大きなポイントになると思うんです。音楽面以外でも、Ｍｅｇｕさんは２０１８年４月からFM-NIIGATAの番組「HAPPY MAPPY」のレギュラーパーソナリティになったりされましたし（※２０２３年３月まで約５年間担当）。

そのお話の根っこの部分では、多分、私が歌以外のところで自分らしさを伸ばしていけるように、という（スタッフの）思いがあったんだろうし、ありがたい環境をいただけたと思っています。「ＨＡＰＰＹ ＭＡＰＰＹ」は、Negiccoの３人で話すレギュラー番組の「ネギStyle」と違って生放送だし、突然地震の情報とかが入ってきたりするわけですよ。最初のころは、そういう対応にも慣れてないし、精神的にもちょっと落ち込んでいた時期だったから、うまくしゃべることができないときもたくさんあって。それでも、一緒に（パーソナリティを）やっている村井杏さんがすごくやさしくて、支えてもらいながら、なんとか最初の１年間を乗り切って……。感覚的には、３年目くらいでようやく自分らしさが出るようになったかな、と。毎週毎週、生で番組を担当させていただいて成長できたし、Negiccoを普段聴かないようなリスナーの皆さんも、ラジオを通して「NegiccoのＭｅｇｕちゃんって、こういう人なんだな」って、結果的にNegiccoを知ってもらえる新たな広がりもあったと思うんです。本当にありがたい経験でした。

――さらにＭｅｇｕさんの活動を見ていくと、２０１８年に佐渡島のＰＲ冊子『いとしげな佐渡』のモデルを務め、同じ年の７月に佐渡島温泉公式ＰＲソング『美人の湯（YOU）』を担当されます。このころから佐渡との関係が深くなっていくというか。

（２０１７年に）ソロでシングル『星のかけら』を出したとき、私がフォトグラファーの川島小鳥さんの大ファンで――川島さんが佐渡の女の子を撮影した『未来ちゃん』という写真集が大好きで――それまで接点はなかったんだけど『星のかけら』の写真撮影をお願いしたらＯＫがもらえて、それがきっかけだったんです。そのお仕事を一緒にした後、川島さんから「佐渡の『いとしげな佐渡』って冊子を作るから、Ｍｅｇｕさんにモデルをお願いしたい」と連絡をいただいて――。それ以降、その撮影で１年に１度は川島さんに会える機会が訪れて、そこから佐渡島の温泉のＰＲソングにつながっていったんですけど。なんか、最近は皆さん、何かと佐渡に注目してくれている感じなので、うれしいですよね。「……Ｍｅｇｕも（佐渡を）応援しているので忘れないでね」って思いますけど（笑）。

――（笑）いや、それはちゃんと伝わっていますよ。あと、Ｍｅｇｕさんは「CURRY RICE RECORDS」というオリジナルレーベルも立ち上げて活動されていますが――。

あっ、「CURRY RICE RECORDS」は、先ほど話したように服飾の学校を出ている私が、アパレル系のアイテムプロデュースもやってみたいと思い、レコードとカレーが好きだからそれをドッキングさせた名前にしたんですが（笑）。自分が欲しい、使いたいと思うようなレコードまわりのアクセサリーや、カバンとか、夏になると必ず着るＴシャツなど、そういうものをもっと楽しくみんなと共有できたらいいなと思って始めたんです。で、30歳になるタイミングで何か面白いことをやりたくて、（２０１９年に）いろんなアーティストさんとコラボし、30種類のＴシャツ制作という企画をやらせてもらって（「CURRY RICE RECORDS presents 30 Designer's TEE-SHIRTS market!!!」）。そこから（翌２０２０年に）オリジナルブランドの「Life to meet you!」を立ち上げ、自分がやってきたことが無駄にならず、ちゃんと形になって、すごくうれしいです！

――そんなクリエイターとしての動き以外にも、「カ

Megu

レー大好き女子」としての活動（笑）、はたまた新潟シティマラソンのファンラン完走（2018年）といったスポーツ系など、本当に多方面での活躍が印象的なMeguさんですが？

もう、いろんなことに手を出してますよね（笑）。なんか、「どれが自分が輝くのだろう？」みたいなところもあったのかもしれない。走ることも好きだし、カレーも大好きだし。何でも好きなことをやってみたらもっともっと自分が輝けるところがあるのかも、と思って。ただ、いろいろやっていて感じるのは、（自分が）Negiccoだからこういうことができるんだ、ということです。Negiccoでやってきたからこそブランドを立ち上げられたし、そのブランドきっかけでNegiccoを知ってもらえたらうれしいし……みたいな、そういうWIN-WINが成立したらいいなと。それぞれの活動を住み分けるというより、Negiccoというホームがあって、それらが全部つながっている感じで。

――そのなかで、2021年からはMeguさんのソロシングルのリリースも活発化します。音楽という面でもNegiccoとは違う、自分が表現したい、進むべき道を見つけられたように感じるんですが？

そうですね。『太陽と星の狭間で』（2021年6月発表）は、3年ぶりにソロ曲を出させてもらったんですが、その間の葛藤というか、歌に関して自分なんかが（ソロ曲を）出させてもらっていいのかな……ってところもあったんです。だけど、このリリースによって私の新しい歌い方を知ってもらいたい気持ちもあって。で、結果、皆さんにあたたかく受け入れてもらえて、そこから自分でも自信がつき始めて――。同じ年にリリースした『So good』でも新しい部分に前向きにチャレンジできたし、今回の『ねこの夢』（2022年6月発表）も、さとうもかさんというすごい才能を持ったシンガーソングライターさんと一緒に曲を作ることができたし、一歩一歩、自分なりに進めているのでは、って気がします。

自分たちがすごいんじゃなく、ファンの人たちが
応援してくださることがすごいなって

――本当にそうですね。そしてMeguさんは、2020年の6月にご結婚も報告されて――。

ああ！

――「ああ！」って、他人事みたいに言わないように（笑）。その後、Kaedeさんも含めメンバー全員が結婚してNegiccoの活動を続けることになります。この点について、ご本人にもいろんな思いがあると思うのですが……。

そうですね。結婚してアイドルを続けられるって、本当にファンの方に愛されているんだな、と思います。自分たちがすごいんじゃなく、ファンの人たちが応援してくださることがすごいなって。やっぱり、ファンの皆さんの愛情――それが一番感じたことですね。

――もちろん、そうだと思います。と同時に、それは「結婚してもNegiccoを続ける」と本人たちが意思表明した結果でもあるわけで――その意味で、一般的なアイドルグループとは一線を画した、独自の道を歩んできた自負もあるんじゃないですか？

ああ……、アイドルと名乗りながらアイドルフェスとかには出てないし（笑）、けっこう自分たちで企画した独自のイベントとかも多いので、そういった意味ではちょっと独自なのかな。……そもそも私は、さっきも言ったように、「アイドル＝ももクロちゃん」ってイメージなんです。あれだけ全力で歌って、髪が振り乱れようが何しようがキラキラしていて、かわいいし、かっこいいし、オチもあるっていう。初めて見たとき、本当に衝撃的だったし、やっぱりああいう「全力を見せることがかっこいい！」って姿が理想で。アイドルだからユルい感じもかわいいけれど、私はももクロちゃんの全力！ってところが好きだし、ももクロちゃんを好きになったおかげでエビ中ちゃん（私立恵比寿中学）にも出会えたし。エビ中ちゃんも全力で、一生懸命ステージに向かっているところが好きなんですよね。

――そういう観点ではNegiccoも、常に一生懸命、全力で走ってきたグループですよね？

（笑）はい！　一生懸命、真面目にやっています！

――そこは我々もよく知っています（笑）。……と、こうしてNegiccoの軌跡を改めて振り返ってきて、今、どんな思いがありますか？

そうですねぇ……。最初にも言いましたけど、「もう20周年が近づいているなぁ」って感じかな。……実は今、3人そろって会う機会がすごく少ないので――やっぱり、ファンの人も3人そろったNegiccoが見たいだろうし、20周年は3人そろったNegiccoをみんなに見てもらいたいな、って。私自身もそう思ってます。

――では、改めてお聞きします。来年で20周年を迎えるまでNegiccoを続けてくることができた最大のポイントは何だと思いますか？

うーん……そうですねぇ……。（ポイントは）いっぱいあると思うんです。人との出会いと、そのときのタイミングと運と。あと、新潟で地道にやってきたということもそうだし……、何よりファンの方があってのNegiccoだと思うから、そこはいつも本当に感謝していますし。あとは……メンバーみんな、仲が良いことも。ホント、仲は良いと思うんですよ。……Nao☆ちゃんもかえぽも、20年近く一緒にいるわけで――Nao☆ちゃんなんか、私が9歳のときからずっと、ですから。……なんか、2人に会いたいと思ったら、泣けてきちゃったなぁ……。

――2人とは、ここしばらく会えていないですからね。

うん。一緒に居過ぎて、ときには嫌な空気になることとかもあったけど、そこはみんな、一番多感な時期を共に過ごしてきたわけだから……。けれどやっぱり、2人が本当にいい子なので……（涙）。

――あらあら……別にMeguさんを泣かせようとした場面ではなかったんですけども……（苦笑）。

……すみません、なんか、感極まっちゃって。でも、そんな2人が結婚して、Nao☆ちゃんはお母さんになる――9歳から知っている子が、Negiccoを一緒にやってきた子が、結婚してお母さんになって……って、「それはすごいことだな」と今、改めて感じちゃいました。

――そういうところまで踏まえると、やはり20周年は過去のどのメモリアルとも違う節目になりそうですね？

ええ。20年に向かうまでは、うれしいこともつらいこともたくさんあったけど、自分のことを見つめ直し、「こんなこともできるんだ」と発見もできて、今はより（物事を）ポジティブにとらえられるようになれたと思うんです。そういうNegiccoは、新潟のたくさんの人に応援してもらっているからこそ、ここまでやれてきたんだと感じるので、続けてきて良かったし、「もっともっと、何かできるところまで続けたいな！」って思いますね。

――先例がないアイドル道をさらに歩んでいくNegiccoにとって、素敵な20周年が迎えられることをお祈りしております。……まだちょっと涙ぐんでいるMeguさんですけど（笑）、今後も頑張ってくださいね。

ありがとうございます。……最近、泣ける映画とかを見ても全然泣けなかったので、今日は久々に泣いて良かったです！（笑）。

Megu

Kaede

結成時はまだ小学６年生。「当時は、まさかこんな人生を左右するものになると思ってなかった」と笑うKaedeは、ときにグループと学業の両立に必死に向き合いながら走り続けてきた。近年の積極的なソロ活動も経て、30代になった今、彼女はやはりNegiccoという場で一層の輝きを見せてくれている。

聞き手＝笹川清彦

私たち３人のなかでは、「やれる限りやりたい！」という気持ちでいる気がしますね

Kaede

―― 冒頭は3人に同じ質問をぶつけているんですが、「Negicco 20周年」という言葉を聞き、今、Kaedeさんの中でどんな気持ちが湧き起こってくるものでしょうか？

うーん……、20周年まで行けると思ってなかったなぁ、って（笑）。10周年くらいのタイミングのときは「もしかしたら、この先どこかで終わっちゃう可能性もあるかな」と、ふわっとですけど思っていたし。まぁ、よくこの情勢で乗り越えたな、と思いますね。

―― その感覚は、過去の10周年や15周年というメモリアルタイミングとはちょっと違うもの？

そうですね。10周年、15周年のときと比べると、世の中の状況とかもあるけれど、全速力で走り抜けているっていう感じではなくて。……うん、ここ2～3年くらいは（以前と）感覚的には違うのかなって。

―― Kaedeさんは1991年9月15日生まれで、今年31歳になります。つまりNegiccoの活動のメモリアルタイミングを30代になって初めて迎えるわけじゃないですか。そういう部分は何かしら影響がありますか？

いや、年齢が30代だからとかは、そんなに意識してないと思うんですけど。ただ、感覚として……、20代のときって、10代の子たちが新しく（シーンに）出てくると「ああ……私たち、もうダメかなぁ」って気もしてたんですが、30代になると、もはや10代の子たちは20歳も違うからかわいく見えるというか（笑）。そういう感覚はあるかな。ライバル意識という目線ではなく見れる――私たちは私たちだし、って思えるようになってきたという。

―― 大人になったことを自覚すると（笑）。ちなみに20年前のNegicco結成時、Kaedeさんは11歳でした。当時は……まだ小学生？

はい。小学6年生です。

―― そのころのKaedeちゃんは、こうして30代になった自分は想像だにしなかったでしょうね？

多分、してなかったと思います（笑）。芸能スクール（アップルリトルパフォーマーズ）に入ったのも、「芸能人に絶対なる！」とかではなく、いろいろ習い事をやっていた中のひとつとして何となく入って、ただ「楽しいなぁ」くらいの感覚でいて。どちらかというと趣味に近い感覚でやっていましたよね。当時は人前に出るのがあまり得意じゃなかったし、そういうところも克服できたらな、と。

―― そういう形で始めたスクールでの活動がNegicco結成につながっていくわけですが――学内のオーディションでNegiccoが結成されたころの記憶は鮮明だったりするんでしょうか？

あっ、受かったときのことは、けっこう印象に残っていますよ。メールが送られてきて――「4名合格。合格者はNao☆、Megu、Miku、Kaedeです」と、そこに書いてあり……。

―― ああ、メールで合格通知が来たんですね。

ええ。そのころ、まだスクールは5期生までしかいなくて、Nao☆ちゃんとぽんちゃ（Megu）は1期生、Mikuちゃんが2期生、私は4期生で、後輩でした。で、当時、スクールでミュージカルとかもやっていて、Nao☆ちゃんは主役だったし、ぽんちゃも良い役をやっていたし、Mikuちゃんは歌もうまいし――そのなかで私が1人、何の実績もないのになんとなく受かっちゃった、という感じもあって。でも、そのなかに入れたのがすごくうれしかったのは覚えています。

―― 文字通り末っ子みたいな形であったと。当時のKaedeちゃんは「……私、なんで受かったんだろう？」と分析してみたりはしたんですか？

「なんで？」とは思わなかったです。「受かって良かった！」って感じで――ネギも大好きだったし、「やったー!!」って気分でしたね（笑）。

―― そのNegiccoは、当初、1カ月限定のユニットの予定だったのは有名な話です。それがまさか、こんなに長く続くとは夢にも思わなかったでしょう（笑）？

そう、まさかこんな人生を左右するものになるとは……小学校6年生のKaedeはまったく思ってなかった（笑）。

―― で、Negiccoが結成され、2003年7月20日に古町の某会場でのイベントで世に登場します。その最初のステージは覚えていますか？

当時あったスクールの発表会で、スクールのトップの子たちが発表するなかのゲストとして呼んでもらってステージに立ったんです。ただ、あまり広い会場ではなくて、楽屋もなかったから、会場の一番後ろに4人で座って待機していて。で、「なんとか印象を残そう」と話をして、呼ばれたときにステージの一番後ろから「ねぎねぎ〜」と言いながらステージまで駆け抜けるという作戦に出て（笑）――ステージに立って1曲歌い、また「ねぎねぎ〜」って言いながら会場の一番後ろに帰って、ちょこんと座っているという。

――……鮮明に覚えているんですね（笑）。

そうですね（笑）。まあ、ステージの出来とかはあんまり覚えてないんですけど、楽しかったのは覚えています。

――その結成当初のころのNegiccoの活動で、ほかに思い出深い出来事はありますか？

いろいろあったけど……、デビューライブの1週間後くらいに、ＢＳＮさんの夏祭りのイベントに出させてもらったんです。そのときに、ステージがけっこう高くて階段の最後の段で転んでしまい、ステージに這いつくばって上がった姿をみんなにバカにされたっていう、それはよく記憶に残ってます（苦笑）。その日は曲が1曲しかないのに30分ステージだったんです。

――たった1曲で30分のステージを？

そう。最初に出て1曲歌い、司会の方が入ってくださったのでちょっとトークをして、もう1回歌って。さらに、また司会の方が出て曲の振り付けのレクチャーをし、最後にもう1回歌って終わるっていうステージで。子どもながらにも「……これでいいのかな？」ってキツさはありましたね（苦笑）。

――そのデビュー曲『恋するねぎっ娘』を、結成翌年の２００４年9月にはＮＨＫ「ポップジャム」に出演して歌うという晴れ舞台も訪れますよね？

「ポップジャム」への出演は、私が中学生になったときで、基本的には土日に地元新潟のイベントに出させてもらって――という感じの活動が続いていたころだったんですね。で、学校でも友達に「テレビに出てたね！」とか『Ｋａｅｄｅ、12歳です』って話してたね」とか言われて――「ああ、見てくれたんだなぁ」って思いながらも、親からは「いじめられないよう、なるべく目立たないように、おとなしくしていなさい」と言われていたんです。だから私も息をひそめていたのに……やっぱり、テレビはすごいなと（笑）。地元のイベントなどのチラシが入ってきたりしてもそうだったんだけど、同級生はもちろん、先輩もわざわざ教室まで私を見に来たりして――「いじめられたらどうしよう……」とか思いながら、ずっとおびえていました（笑）。

――目立つことが得意ではない少女ならではのエピソードですね（笑）。これは以前に別のインタビューでＫａｅｄｅさんが話されていたことなんですが、実は将来、薬剤師になろうと中学生のときは思っていたという。

そう、最初は薬剤師になるつもりだったんです。子どものころから体があまり強くなくて、身近で働いている方の姿を見るのがお医者さんや薬屋さんが多かったので、その影響が少なからずあります。あと、自分で自分の体に合う商品開発をしたいというのもあって。肌が弱いのでシャンプーやボディソープとかも限られたものしか使えなかったから、そういうのを自分で開発したいな、って漠然と考えていたんですよ。だから、最初は薬剤師を目指そうと思ったんですけど……、「薬学部に行くのであれば国立（の大学）でないと通わせられない」と親から言われ――でも新潟には国立の薬学部がないので、県外の大学を目指したんです。そこで転機があり、薬学部のオープンキャンパスで、ネズミの解剖実験に参加する予定だったんですが、実験を見ることもできずこれはやれないと思い、薬剤師は諦めることになり……、薬剤師になれないんだったら何をやろうか？となったとき、シャンプーなど自分に合ったものの開発（という方向性）が出てきて、それを高校の先生と相談したら、「新潟大学の工学部のこの学科なら、もしかしたらあなたの夢を叶えられるかもしれない」と言われて、（大学進学を）目指したんです。

――で、そういった目標と並行してNegiccoの活動がずっとあったわけで――そのころのNegiccoに向かうモチベーションはどんなものだったんでしょうか？

多分、年齢が若いときほど軸は学業というのをしっかり持っていて、土日はNegiccoって感じでした。それがちょっとずつNegiccoの割合が増していき……最後、（全部が）Negiccoになるっていう。ですから、中学や高校のころは、自分とNegiccoの活動をいかに両立していくかを一生懸命考えながらやっていましたね。

――そんな中、Negicco的に見ると、２００６年11月にオリジナルメンバーのＭｉｋｕさんの卒業が訪れます。そこはNegiccoへの向き合い方を自分の中で再考

Kaede

するタイミングだったように思えるんですが？

……私も抜けようかなって、ちょっと考えました。このとき、Mikuちゃんが勉強をすごく頑張っていたのが分かっていたし、メンバーも熊さんも「どうしても抜けちゃうのか？」って引き止めていたんですけど、Mikuちゃんの意思は固かったので――。Nao☆ちゃんもよく言っていますけど、（Mikuちゃんが）一番歌がうまかったし、Negicco的には、「これからどうする？ 残る3人でちゃんとやっていけるのか？」っていう意味で、けっこうな危機だったとは思います。

――そのころ、Kaedeさんも「私も実は辞めたいんですが……」ということは言ったんですか？

ちょっと（気持ちが）引っ張られましたけど……、言ってはいなかったと思います。

――言わなかったのはどうして？

やっぱり、「いきなり2人抜けたら大変だろうなぁ」というのもあったし（笑）。「でも、いつかそういう日が来るのかな……」って考えたりもした時期ではありましたね、このときは。

――なるほど。そこから数年経ち、2010年4月にKaedeさんが新潟大学工学部へ進学するタイミングが訪れます。まさに、先ほど言われた学業とNegiccoの両立という日々が始まるわけですが――。

大学選びは、高校の先生に進路を相談して新大（新潟大学）なんじゃないかという方向になったわけですけど、そうすればNegiccoも続けられると思い、それを熊さんにも相談し、「いいんじゃないかな」と言ってくれたので、「じゃあ、もうちょっと両立して頑張ってみよう」という気持ちになれたんですよ。ここでNegiccoを辞めるという選択肢もあったと思うし……実際、この時期（大学への進学時）は熊さんにもそういう話を何度かしていて。

ここで辞める選択肢もあった。でも自分自身、完全に Negiccoを断ち切れていたわけではなかったっていう

でも自分自身、完全に（Negiccoを）断ち切れていたわけではなかった――多分、ちょっと未練もあって。「せっかくここまでやってきたんだし」っていう。ただ、「自分の夢を2つは本気で追えないよな」と思いながらいたのも事実だし、自分のなかで薬学部に行けないって挫折もあり……。でももし（大学受験に失敗して）浪人していたら、学業に専念するためにNegiccoは辞めていたと思いますね。

【（脇にいた）熊倉さん】だからね、あのとき、Kaedeが新大の工学部に決まって、こっちはすごくホッとしました。それ以前は県外の大学、富山とか東京に進学する可能性もあったわけですよ。そうなったら、地元での活動は（残るNao☆とMeguの）2人になってしまう――つまりKaedeが新大に行ってくれたからNegiccoが継続できたので。また、そのときはもう、タワーレコードさんと（T-Palette Recordsの第一弾アーティストとして）一緒に動き始めていて、ある程度、面白い活動ができる環境も整っていたんです。そこがNegiccoの活動のターニングポイントになったかなと。

その前の「ヌキ天」（2009年の「勝ち抜き！アイドル天国!!ヌキ天」で6週勝ち抜きグランプリを獲得）や、「U.M.U」（2010年のエリア・アイドルNo.1決定戦『U.M.U AWARD 2010』で優勝）も、もちろん大きかったし……。

――確かに、この辺がNegiccoの歴史を振り返ると最初の大きな節目ですよね。

そうですね。「勝ち抜き！アイドル天国!!ヌキ天」は本当に節目になって。インターネット番組だし、節目になるとは正直、思ってなかったんですけど（笑）。勝ちぬけば賞金が出たり、メジャーデビューが保証されていたり（※結果的にそれは諸事情で実現しなかったが）、夢のような話があって、その舞台に挑戦できたことは大きかったな、って思います。あと、「U.M.U AWARD」も節目で——いろんなアイドルの方がいらっしゃるなかで優勝できたと。それまで長く活動してきたNegiccoだったから、「あそこで勝てなかったら心が折れていたよね」って話はたまに3人でするんですけど、あそこで優勝して、ようやく（新潟）県にも認めてもらえた時期って感じでした。……それと、熊さんが言った、タワーさんが付いてくれたって話もそうで。「このまま続けていて大丈夫なのかな……」って、ふわっとした不安がずっとあったなかで、積極的にCDを売るために、新潟だけではなく東京都内のいろんなお店で歌わせてもらい、その曲が入ったCDを買ってもらうという新しい（キャンペーン）活動ができるようになり——「ここからまた違う人に知ってもらえるチャンスになるんじゃないかな」って私たちも感じましたから。それはもう、タワーさんが付いたからこそ、という実感がありましたね。

——まさにNegiccoの活動状況が大きく変わっていったそのタイミングで——先ほどの話に戻すと——Ｋａｅｄｅさんは大学の勉強もあり、Negiccoの活動との両立をはかっていたわけですよね。やはり、大変だったでしょう？

入学したばかりから2年生までは、比較的自分で自由にやれる時期ではありました。授業の選択も自分で決められるし、このあたりはそんなに大変じゃなかったんですけど、その後、3年生からは（工学部の）専門課程になり、実験が始まったりして、ちょっと大変になってきて——。

【熊倉さん】ホント、Ｋａｅｄｅは（イベントなどの）控室でもよく勉強していたよね？

もう、課題の提出が間に合わなくて！　東京とか他県へ行くことも増え、深夜に車で移動することも多くなり……だけどどうしても、車の中では課題ができないので、時間が全然足りないんですよ。だから、正直、あの時期のことは——２０１３年の結成10周年とか、そういう節目の出来事があったにも関わらず——記憶がほぼ抜け落ちていて。それくらい、本当にいっぱいいっぱいだったんでしょうね。寝る時間もなかったし……、でも大学を留年したりすると後々響いてきちゃうから、Negiccoと学業、どちらも手を抜けない。半ばパニックになりながらやっていました。もう、仕事ひとつひとつをあまり把握していないまま突っ走っていた感じでしたから、やらかしたことも多分、あった気がします（苦笑）。

——なるほどね。その大学時代でもう一点聞いておきたいのは、卒業後の進路をどんな思いで決めたのか、ということなんですが？

4年生の春になって、同級生たちが就活を始めたり、大学院に行くと決めた子も出てきたりとか、みんなが動き始めるなかで、なんとなくの焦りみたいなものは感じつつ……、ただ「就活をしよう」という気持ちは一回も起きなくて。そもそも、じっくり就活をする時間なんて（当時の自分には）用意されてなかったから（笑）。うん、Negiccoがものすごく忙しくなっていたのも大きいかな。このとき、たいして忙しくなかったら普通に就活もできたし、やっていたんじゃないかと思う。で、「就活したい！」と自分で本当に思ったら、大学へ進学するタイミングで「辞めます」と言ったように熊さんにも相談したと思うんですが、そういう気持ちはなくて。だから……、（4年生の）どの月のタイミングか覚えてないんだけど、「卒業したら、Negiccoとしてやっていく！」と決めたタイミングがあったんですよ。本当にいろいろ大変だったけど、この1年でちゃんと卒業しようと気持ちを切り替えて。で、けっこう勇気がいったんですが、（所属していた）研究室の先生に「就活しないで、Negiccoでやっていくつもりでいます」と話をして——「ちょっともったいないと思うけど……、それもあなたが選んだ決断だから、いいんじゃないか。後々、理系女子として今まで学んだことが仕事に生かせるようなことがあればうれしい」って言われました。

——素晴らしい先生ですね。あと、それは熊さんにとっても、嬉しい決断だったでしょうね？

【熊倉さん】もちろん！　Ｋａｅｄｅから「ＥＨ（※ＥＨクリエイターズ／Negiccoの所属事務所）に就職します」と電話で連絡をもらったとき、「おお!!　ありがとう！」って！　で、すぐタワーレコードの嶺脇社長に連絡しましたもん。……いやぁ、本当に良かった。だって（可能性は）半々だったんですよ。しかも新大の工学部を出た学生なんて、言ったら世間から引く手あまた、ですから。でも僕らは（Negiccoという道を）強制できないわけだ

Kaede

し……。ホント、あの電話はすごくうれしかったなぁ。

――と、熊さんは大感動したようですが、Kaedeさんご本人はその電話を……。

……あんまり覚えてない（笑）。

【熊倉さん】（苦笑）おいおい、ここはムチャクチャ、ポイント高いところなのに!!

（笑）もちろん、あっちこっちと進路を決めきれない時期もあたたかく待っていてくれてたから、そこは感謝、ですね。

――ちなみに、Nao☆さん、Meguさんには――。

あっ、2人にも、私の大学のことでだいぶ迷惑をかけたんで、すごく感謝しています。「大学の拘束時間が長いから仕事に行けないこともある」と話して、（自分抜きの）2人で大阪や名古屋にキャンペーンに行ってもらったりもしたので――あのときはメンバーもすごく大変だったと思います。……だけど、（そのNegiccoでやっていくという決断を）直接は言ってないかもしれない。この時期、私が突然、黒髪にして「……就職する気なの？」と2人を焦らせた、って後で聞いたんですけども（笑）。

【熊倉さん】あのとき、社長に電話したのは覚えているけれど、もしかしたら俺がすぐにNao☆やMeguにも言ったかも。それくらい、あの瞬間の喜びは大きかったんですよ。万が一ダメ（就職）だったら2人でNegiccoをやることになるわけだし。

――で、Kaedeさんは2014年3月に無事に新潟大学を卒業します。Negiccoの活動的には、この年の4月にシングル『トリプル！WONDERLAND』を発表し、翌2015年にかけて次々と楽曲をリリース。ステージの規模もどんどん大きくなり、ご本人的にも、忙しいけどやりがいのある日々だったのでは？

そうですね。楽しくやれていました。でも雪田さん（※当時のレーベルディレクター・現在は所属事務所社長の雪田容史氏）に、このころ「学生じゃないんだから、もうちょっとちゃんとした方がいいよ」と言われたりして（苦笑）。多分、大学を卒業して安堵《あんど》したのか、ふわっとしていた時期だったと思うんです。「ちゃんと考えて動きなさい」とか「もっと社交性をもって～」とか、けっこういろいろ言われてました。

――（笑）まあ、2015年2月から全国17カ所をまわる初のツアーにも向かったりと、活動の幅も大きく広がりを見せた時期ですしね。

2015年――デビュー12年後に、ようやく全国ツアーか……。それまでツアーは一切やってなかったんですけど、私が大学を出たから動きやすくなったというのがあると思うんですよ。でも、実際にやってみて、ツアーはすごく楽しかったです！「こんなにいろいろな街に行けるんだ」と思ったし。いろんな土地の名物を食べ歩く、みたいなのが夢だったので。

【熊倉さん】全国ツアーは、なんか憧れだったよな？

うん、憧れだった。もちろん、「車で移動」というのは変わらなかったんだけど――その（ツアーでの）車移動ってところは、あのころ、トライセラの（マネージャーの）

大森さんに「ホント、Negiccoはロックだね！　よく頑張っているよね！」と言われましたし（笑）。

――そのトライセラ＝TRICERATOPSなど、いろんなバンドやアーティストとの出会いも、このころからさらに活発化していきます。

そうですね。NEGi FES（Negiccoが主催するライブイベント）も始まりますし。

――NEGi FESも２０１５年からスタートし、トライセラは２０１７年のNEGi FESに出演。当時からKaedeさんは大好きなバンドだと公言していましたよね。

ええ。ハマったのは、２０１３年ころだったかな。（平野）レミさんにNHKのイベントでお会いして、「Negiちゃんたち、知ってるわよ！」って言われたんです。「なんで知っているのかな？」と思ったら、レミさんいわく「郷太君（NONA REEVESの西寺郷太）がNegiちゃんたちの曲（２０１３年発表のシングル『愛のタワー・オブ・ラヴ』）を書いたんでしょ？　うちの息子（トライセラの和田唱）も音楽をやってるので、よろしくね！」って（笑）。そんな出会いもあったりするんです（笑）。

――２０１８年には和田さんからの提供曲『ただいまの魔法』をKaedeさんソロで発表したりと、素敵な関係が続いていきますからね。そのKaedeさんのソロ作品という観点で見ると、２０１７年に初のソロ曲『あの娘が暮らす街（まであとどれくらい？）』をリリースします。

『あの娘が暮らす街（まであとどれくらい？）』は９月に出したんですけど、Meguもその年（２０１７年）の６月に（ソロシングル『星のかけら』を）出して。あのときは、それまでも毎年、生誕祭（バースデーライブ）のタイミングでいろんなことをやってきたなかで、「そろそろ違うこともやった方がいいんじゃない？」みたいな話が出て――で、オリジナルのソロ曲を出してみたい、ってことになり……。だから、今みたいにソロ活動を積極的にやるって感じとはちょっと違ってはいたんですけども。

――そう、Negiccoのヒストリー的に見ると、各メンバーがソロ活動にも積極的に挑むようになるのは２０１９年からで。Kaedeさんは２０１９年４月に『クラウドナイン』をリリースし、本格的なソロワークを始めるわけですが……、この時期もNegiccoとしてのターニングポイントになったのかなと？

２０１９年は……そうですね、個々でこれからやりたいこともやっていこう、って話した時期だったのかな。確か、この前の年くらいから、事務所内でミーティングを始めたんです。秋くらいに翌年の話をするっていうミーティングを、メンバーの３人はもちろん、スタッフも含め、来年は何をやりたいのかを話し合って。そこで、「私は歌が好きなので、（ソロとしても）歌うことを継続してやりたい」って話をしたんですけど。

――外から見ていると、その「メンバーとちゃんと話しながら物事を決めていく」という事務所の体制が素晴らしいですよね。どこの事務所もできることじゃないというか。だって、例えば結婚の話だって、それができるところとできないところはあると思うし……。

そうですね（笑）。ほかの事務所さんとの比較はちょっと分からないんですけれども、自分たちはわりと柔軟に「じゃあ、どうする？」っていろんな話ができるので、大事にしてもらえてるな、と思います。（スタッフとの関係等で）心が折れちゃうこともなかったですし（笑）。

――素晴らしいことです（笑）。で、話を戻して、Kaedeさんの場合、その後はソロ作品もコンスタントに発表し、現在に至るまでにシングル６枚、ミニアルバム２枚、アルバム２枚を世に届けていて――。

気付けば（笑）。（作品のリリース時に）インタビューしていただく方とか、どなたからも「ペース、すごくないですか？」って必ず言われます。Negiccoのリリースはそんなに大変なペースじゃなかったので、最初はリリースがかぶっていて頭の切り替えが大変だったんですけども、最近は慣れました（笑）。

――インタビュー以前に、これだけ短期間にいろんなクリエイターと楽曲を作っていくことに対しては、どう感じられたのでしょうか？

まず、このペースを決めるのは私ではないって前提はありつつ（笑）……、ただ、けっこうペースは早いと思いますけど、（いろんな人と）やりたいって気持ちはあったし、楽しく作れていますから！　毎回、違う方にお願いすることで、また自分の違うところを見せることができ

Kaede

たりしますし……、やっぱり動いている姿を見せていないとファンの人たちも寂しいかな、と。まあ、ライブの方は、去年から厳しくなっちゃったんですけれども……。

──確かに。でも実はKaedeさんは、世間でコロナ禍が本格化する直前の2020年2月に、ソロ公演を新潟や他数カ所で行っていて。僕はその新潟公演が、現在まで、生で見た最後のライブだったりするんですが。

そうでしたか。まあ、あのライブのころは、まだ探り探りというか、ソロとしてどう見せればいいのか分からないところから──まっすぐ前を見て、棒立ちでずっと歌う、みたいなところから始まっているので……。

──あっ、最初はそんな感じだったんだ？

そう（苦笑）。自分でも「……どうしたらいいの？」って、すごくぎこちない感じでやっていて。Negiccoだったら曲のなかで盛り上げる場面はたくさんあったりするんだけど、ソロにはそういう楽曲って特にないですから。

──そもそも、ソロでは踊って歌わないし（笑）。

そうなんですよね。だからそこをどう見せていくのがいいのか、というのはずっと模索しながらやってきて。でも、そういうソロ活動をやったことによって、多分、Negiccoのなかでの振る舞いが良くなる、みたいなところがある気はするんですよ。まだNegicco本体が動いていないからどう変わったかは示せないんですが、確実に歌は歌いやすくなってきているので──。そこはソロで鍛えられた感じです。

──ソロを始めた当初から「Negicco本体へのフィードバックは必ずあるはず」とKaedeさんは語っていましたからね。そうしてソロ活動も進めていくうちに、ご自身の入籍も発表され、メンバー全員が既婚者になりました。改めて、おめでとうございます！

ありがとうございます。私は結婚とは縁がないと思っていたので──ずっと実家暮らしだったのもあると思うんですけど、ひとりの時間が好きで、あまり干渉されたくなかったので……「だからねぇ」って感じでしたけども（笑）。

（Negiccoは）本当に、モデルがないですよね。「これもこれで、ちょっと特殊かな」って（笑）

──ちょっと照れてますかね（笑）。ただ、真面目な話、その入籍から約1年経ち、プライベートと仕事に向かうなかでの切り替えも含め、今は日々良いペースで活動に向かえているんじゃないですか？

ええ。ソロとNegiccoの活動自体が今、ゆるやかであるので、余裕をもって生活はできているかな。これが、それこそ大学卒業くらいのペースだったら、結婚とか絶対に考えていないです（笑）。

──でしょうね。紆余《うよ》曲折はありましたが、改めてNegiccoはすごく良い感じで活動を続けてこれたと感じます。……と、こうして駆け足でNegiccoの歴史をKaedeさんと振り返ってきたわけですが、やはり唯一無二と言うか、ほかのグループとは違う道を歩んできた印象はありますよね？

いやぁ、本当に、モデルがないですよね。逆に「モデルになれれば良いな」とも思うけど……「これもこれで、ちょっと特殊かな」って（笑）。世の中がこの（コロナ禍という）状況で、バタバタと解散だったり卒業だったりも続いている（アイドルシーンの）現状を見ると、なおさらそう感じます。その点、Negiccoは、新潟に根付いてきたのが良かったと思うし──中途半端に東京に拠点を置いたりしないで、新潟に拠点を置いたままいろんなところで活動するのが良かったのかな、と。

──今、期せずして言われましたが、グループ活動を続ける上で「卒業」や「解散」はつきまとうものだったりするのに、今のNegiccoの場合、それは無縁の二文字って感じになりましたよね。

20年近くやってきて、そういう危機みたいなのはもちろんありましたけど……。でも、自分たちのなかで解散を決断する、みたいなことは、3人ともいつからかなくなったかな。人から言われて「じゃあ、しょうがないです」はあるかもしれないけれど、私たち3人のなかでは「やれる限りやりたい！」という気持ちでいる気がしますね。

―― そこは、3人で話し合ったことがありますか？

ないです。でも、なんとなく「そうだろうな」と思っています。まあ、昔はたまにそういうのを話したことはありますけど、最近はもう全然してなくて。それくらい、活動を続けていくことが自分たちのなかで普通になっているので――。ただ、それができなくなっている人たちを見ると本当に「大変だなぁ」と思うし、「そういうこともあるんだな」ってのを頭の中におきながら進んでいくだけ、っていうか。……（続けてきたなかで）自分の気持ちだけではどうにもならなかったときは、やっぱりあった。そのときに、支えてくれた人たち、ファンの人たちがいなければ絶対ダメだったと思うんですよ。何というか……ここ2年くらい、この状況になって、応援してくださる人たちと直接会えなくなり、こちらの気持ち的には「みんなが（Negiccoに）飽きちゃうんじゃないか？」という不安もあったんです。会う機会が減ったことによって、自分が何モノなのかが分からなくなったり、自信をなくしかけたところはあって。だけど、お手紙をもらったり、SNSで「応援してるよ」って言ってもらえたりとか、そういう（ファンの）声が聞こえてくると、「もっと頑張んなきゃ！」って気持ちになるんですよね。この状況になっても応援してくれる人がいるんだってことが分かったのは、本当にありがたいことだし、その意味では（コロナ禍も）必ずしも悪いことばかりではなかったのかな、と。

―― そうですね。では、今日最後の質問です。来年の20周年までどんな気持ちで日々を走っていきますか？ そして、20周年を経た後の活動のイメージはあったりするんでしょうか？

うーん……どうだろう？ 今、あんまり先のことは考えられないというか……。20周年が終わった後のことはイメージできてなくて。辞めたいって気持ちはないんだけれども、「どんな活動ができるのかな？」っていう部分は、ちょっと今は浮かんでこないです。だけど、20周年は大きな節目になるので、「そこ（20周年）はみんなで盛り上げる感じでやりたいね！」というのは3人でずっと話しています。ライブができるのか何ができるのかは分からないけれど、ここまで続けてこれたことと多くの方との出会いに感謝しながら、Negiccoの20周年をみんなでちゃんと形にできるよう、しっかりと向かっていきたいですね。

Kaede

Negicco

2023年４月、20周年に向け、Negiccoは活動を再開。
その再開直後の４月６日、メンバー３人が集まり、グループとしては
久々となるこのフォトセッションとインタビューを行った。
随所に多幸感があふれ、やはりNegiccoはこの３人だからNegiccoなんだ、と再確認。
と同時に、これからどんなストーリーを描いてくれるか楽しみになる、
そんな「今のNegicco」が伝わるだろう。

Interview

Negicco

皆さんお待たせしました！ やっと3人そろって
ライブができることが何よりうれしいです！

——今日はいよいよ3人そろってのインタビューです。改めて、結成20周年おめでとうございます！

3人 ありがとうございます！

——2023年4月1日から結成20周年の特設サイトが立ち上がり、正式に20周年イヤーが幕を開けましたね。

Nao☆ そうですね。スケジュールを見て、いよいよ近づいてきているかなって。

——そのハイライトとも言える20周年記念ライブも、7月23日に新潟、8月13日に東京での開催が発表されました。待ち焦がれているファンも多いと思いますが？

Nao☆ はい！ Negiccoとして、ちゃんとお客さんの前に出てのワンマンライブは4年ぶりになるんですけど、それが20周年記念ライブというのがすごいな、って思うんです。何と言うか……、新しい自分たちの人生も歩みつつ、それをファンの方も応援してくださっての20周年なので——自分たちの気持ちだけではできない部分がいっぱいあるので、本当にたくさんの方に感謝しつつ、Negiccoのこれからを見せられるような、そして、そんなNegiccoを追い続けたいと思ってもらえるような。新しいスタートとしてのライブにしたいという気持ちでいますね。

——なるほど。Meguさんは、正式に20周年イヤーに突入した今、どんな思いでいるんでしょうか？

Megu もう、「ファンの皆さん、お待たせしました！」って気持ちです。Negiccoとしてライブをするのが4年ぶりで、その間ずっと、コロナ禍とかいろいろ大変なことがありましたけど、ファンの皆さんはずっとNegiccoのことを待っていてくださって。ソロ活動をやっている中でも、やっぱり「3人でのステージを見たい」って声がありましたし。だから、やっと3人そろってライブができることが何よりうれしいです！

——その辺は、きっとKaedeさんも同じ思いでいるのでは？

Kaede ええ。Negiccoの活動ができていなかった時期にソロ活動をさせていただいたんですけど、ソロをやればやるほどNegiccoが恋しくなって。もちろん、ソロも楽しくやらせていただいたんですが、その「Negiccoもやりたいなぁ」って気持ちが高まってきた中で、ようやく今年、再開できるので——すごく楽しみにしていますし、その気持ちが皆さんに伝わるよう、良い20周年になるように体を整えていきたいと思います。

——期待しています！ しかし、今年で20周年というのは以前から分かっていたとはいえ、メンバーそれぞれが出産という人生の大仕事を経て、今こうしてまた3人そろってアニバーサリーに向かうことができるっていう。本当に素晴らしいことだし、Negiccoならではの奇跡とも言えそうですね？

Nao☆ そうですよね、本当に。なかなか予定通りにいかないのが人生だし……、自分たちも、ずっとNegiccoを（人生の中で）最優先してきたとはいえ、20周年のときにどうなっているのかっていうのは分からなかったですから。そういう意味でも、20周年をちゃんと3人で、Negiccoでライブができることは良かったなって。

——はい。で、実は先ほど、本誌掲載用に3人そろっての写真を新潟市内で撮影してきたわけですが、現場にいて改めて3人の仲の良さというか、空気感がすごく自然なことに驚かされたんですよ。

Nao☆ やっぱり、3人でいると面白いっていうか、笑ってばかりで！ しばらく使ってなかった腹筋をフル活用した気がします（笑）。

——（笑）実際、3人でのああいう撮影は久しぶりですよね？ 2020年発表のシングル『午前0時のシンパシー』以来、Negicco名義での作品は出てなかったわけだし。

Nao☆ そう、久しぶりでした。

Kaede　だから、カメラマンさんにポーズを求められても、自分たちから出てくるポーズが、どうも……。

Megu　怪しかったよね（苦笑）？　引き出しがなかったっていう（笑）。

Nao☆　そこにブランクを感じましたね（笑）。

――いやぁ、みんな良い表情をしていましたよ。やっぱり3人でいるのが楽しいし自然だし、うれしいことなんだろうなと。本誌で1年前にひとりずつインタビューをやらせてもらったじゃないですか。そのとき、実はMeguさんなんか、インタビュー後半で泣いていましたからね、「早く2人に会いたい」って。

Megu　そう！　なんか、2人に会いたくなっちゃって――。

――インタビューで昔のつらい出来事を思い出したとかではなく、この人、2人に会えないのが悲しくて泣いちゃったという（笑）。

Megu　もう、Negiccoの歴史を笹川さんと話していたら、2人に会えないのがつら過ぎて……。それくらい、（当時は）会ってなさ過ぎだったので。

Nao☆　♪会いたくて　震える♪だね（笑）。

Megu　そう、西野カナさん！（※『会いたくて 会いたくて』のワンフレーズ）

――（笑）そんなところからも3人ならではの絆を改めて感じた次第です。でも、そういうこの3人って、いったい何なんですかね？　仲間でもあるし、同志でもあるし、ひょっとしたら家族なのか、姉妹みたいな匂いもするし……、3人の関係性を本人たちはどうとらえているんでしょうか？

Megu　それ、最近、聞かれたりすることが多いんですけど……。

Kaede　うん、けっこう聞かれる。でも、名前が付かない関係というか。

Nao☆　そうそう。何ていったらいいか、自分たちでもよく分からなくて。

――何となく近い言葉を、それぞれで見つけてもらうと？

Nao☆　なんだろう？

Kaede　うーん……。

Megu　……やっぱり、言葉にできないな（苦笑）。

――では、熊倉さんから見て、その辺はどうですか？

熊倉　もちろん、姉妹じゃないですし、家族でもないし。家族はそれぞれ違うところにありますから。何か……、これはもう、Negiccoっていうひとつの形ですよね。3人そろってNegiccoという形としてしか僕は見てないですけど。ただ、それはビジネス的にどうのこうのということでもなくて。

――メンバーにとっては、今の熊倉さんの「Negiccoというひとつの形」という発言に納得できるところは大きいですか？

Nao☆　そうですね。自分たちでも、自分たちのことを何ていうジャンルか聞かれたらアイドルって答えますけど、（それよりも）Negiccoというジャンルとして見てもらいたいので――その点では、熊さんから見てもNegiccoって関係に行きついているっていうのは、良いことなのかなと。

――Kaedeさんはどう？

Kaede　うーん……。でも、今、熊さんも言ってくれたけど、絶対にビジネスパートナー的なことではないな、って思う。

Nao☆　あっ、それは一番イヤだ！　もし（互いが）ビジネスパートナーとか言われる将来が来ちゃったら……。

Megu　つらすぎる！

Kaede　お互い、惰性で付き合う、とか？（笑）。まあ、それは絶対ないですけどね。

――でしょうね（笑）。では、Meguさんにとってはどうでしょうか？

Megu　関係性、ですよね？　それ、いつも聞かれて悩むんですが……。プライベートで遊ぶ関係ではないけれど、離れていたらすごい気になるし、実際、家族以上に一緒にいる時間も長いし。でも、同志というのもしっくりこないし……、やっぱり難しいんだけれども……、Nao☆ちゃんが前に「幼なじみ」って言っていて。それが一番、しっくりくる言葉かな。

Nao☆　そう、幼なじみ、だね！　まだ中学生の、世の中を全然知らないころから同じ目標に向かって一緒にいる、同じものを一緒に見てきたのはこのメンバーなのかな、って思いますから。

── 今のNao☆さんの話で思い出しましたが、今回の20周年に合わせて、結成当初のころも含むスペシャル映像がNegiccoの公式チャンネルで見ることができるようになって。当の本人たちは幼い自分たちの映像を見て、どんなことを感じましたか？

Nao☆ というか、そもそも（私は）見れない（笑）。見ると恥ずかしい気持ちになったりするし、うるっとくるだろうし。まだ化粧もしていないようなころから一緒に頑張ってきて……、中には突然、衣装を着せられて撮られて……みたいなときもあって。本当に、家族にもいろいろ支えてもらったし、学校の行事とかも全部お休みしたりとか、いろいろなことを全部Negiccoに捧げてきた──その時間が走馬灯のように流れるというか。改めて、「無駄じゃなかったんだな」って感じるとは思いますけど。

── なるほど。同じ質問ですが、Meguさんはどうですか？

Megu そうですねぇ……「20年前の自分にもし会えるなら、何を言うかな？」と考えますね。当時、習い事とか長く続いたことがなかった自分が、唯一、このアップルリトルパフォーマーズ（メンバーの出身スクール）は長く続いて。で、Negiccoも当初は1カ月限定のユニットで、「自分にできるかな？」と思いながら始めたものが、運良くここまで続けられて──。あのころは多分、何も考えずにただ楽しくやっていただけなんですけど……、何か、もし過去に戻れたら、自分で自分に「やめないで、そのままでいて」って言うんじゃないかな。「そのまま頑張って続けていれば、20年後は素敵なことになるよ」って。

── いろんな思いが交錯しますよね。Kaedeさんは、ああいう昔の自分たちの映像を見て何を思いましたか？

Kaede みんな今は大人になって綺麗になったけど、（人としての）根っこの部分が見えるというか、「そういう癖、まだあるよね」って。例えば、ぽんちゃが面白いことをウワーって言ってからちょっと隠れる、とか（笑）。

Megu あっ、そういうところね。……恥ずかしがり屋だったからなぁ。

Kaede （笑）そういう意味では、Nao☆ちゃんもあまり変わってなくて。「昔からずっとかわいいんだな」って、安定している（笑）。でも、総じて、その後にいろんなイヤな経験もする前のピュアなNegicco──とにかく楽しいだけでやれていたころのNegiccoが見れて、「楽しそうでいいね」っていう大人な感想もあります（笑）。

── 3人はこのように語っていますが、ずっとそばにいた熊倉さんから見ると？

熊倉 ……まあ、ここまで一緒に俺もいるとは思ってなかったけど（笑）、今Kaedeが言ったように、みんな変わってないです。全く変わっていないと思いますね、基本的に。

Nao☆ でも、うちらから見て、熊さんも変わってないもんね？

Megu そうだよね！

Kaede ……ただ、髪がちょっとねぇ（笑）。

熊倉 それはしょうがないんだけど（苦笑）、俺も基本、変わってないよね。前向きっちゃ前向きですからね、最初っから。

── ええ、その前向きさは、Negiccoがチームとしてずっと持っていたものだと感じます。むしろ、つらいことがあっても歩みを止めず、一緒に前へ進もうとしてきたところがあるからこそ、この20年が成立したのではな

いろんなことを全部Negiccoに捧げてきた時間が、改めて「無駄じゃなかったんだな」って

いのかなと。

Nao☆　そうですね。自分たちは今、憧れていた場所に立っているけれど、あのころは先が見えなくて、「どういう未来なの？　どうなっていくんだろう？」って感じだった。何か、先も分からず、ただがむしゃらに頑張っていただけなんだけれども、「そうして頑張っていれば良いことがあるよ、自分が思っていた以上のことがあるよ」って今は思えますから。……一番最初のマネージャーさんに「初心を忘れない」、それだけは強く言われていて。でも、それが本当に大事だと感じるんです。そういう気持ちを忘れずに――こうして今やれていることは当たり前じゃないので――これからもちゃんと一歩一歩やっていくぞ、って思います。

――そういう「初心忘るべからず」の観点からも、ここで再度、結成時から初期のNegiccoの活動の中で、皆さんにとって一番思い出深い出来事は何だったのかをお聞きしたいんですが？　……さあ、誰からいきましょうか？

Kaede　私は、Negiccoに入るのが決まったことかな。

――おっ、意外にもKaedeさんが口火を切ってきました（笑）。

Kaede　（笑）ピッチ（PHS）にメールが来て、「Negiccoの合格者が決まりました。Nao☆、Megu、Miku、Kaedeです」という文面で。3人とも大先輩ばかりだったから、その時点で「おお、やったー！」と、すごくうれしかったんです。もともとネギも好きだったし（笑）。

――ああ、実はネギが嫌いだったって人も受かってましたしね？（笑）。

Nao☆　（笑）でも、その（ピッチを）見た瞬間の記憶って、残っているよね。私はちょうど（新潟市内の）栗ノ木バイパスを家族と車で走っているときにその知らせが届いて、「ネギが嫌いって言ったのに受かった！」と（笑）。そのとき中学3年生だったんですけど、「これは腹をくくって、これからも芸能活動を第一に考えていけってことでもあるのかな」って思った。それから家族で里味《さとみ》（※新潟県内で多店舗展開している和食レストラン）に行ってお祝いして！　……あのとき、Negiccoが1カ月間限定だってことは忘れてたかもしれないけど（笑）。

――あははは（笑）。

Nao☆　でも実際、スクール内ではそんなにすごいオーディションだと思われていなかったんですよ。

Kaede　そう。応募者も多くなくて。

Megu　限定20人のところ、確か16人で（笑）。

Nao☆　そんな感じで始まったグループが、その後スクールがなくなっても残るなんて誰も思わなくて。多分、「あのとき、受けておけばよかった……」って思ってる人もいると思うな。

――それも運命というか、縁ですからね。そうしてスタートしたNegiccoの初期の話を1年前に各メンバーに聞きながら、個人的にすごく印象的だったのは、Nao☆さん中心に、悔しいことがあってもそれをバネにして進んでいこうとした点と、自分たちで「こうしたい」っていう意志を持ち続けていたことで――。この2点こそ、初期Negiccoを振り返るうえで大事な精神性だったように感じますが？

Nao☆　まあ……、大変でしたね。スクール自体がなくなったから、練習したくても、先生もいないし、それまで借りていた場所も使えない。その時点で「大人に裏切られた」みたいに思っていたので……まるで邪魔者扱いみたいにされて去られたところはあったし。だけど、だからダメになるんじゃなくて、「アイドルとして作ってくれる人がいないなら、自分たちでそれを作り出していこう！」と思えたので――。私の観点でしかなかったけれど、「この人たち、いいな」ってアイドルのDVDを2人に見てもらったり、先生がいないなら、お互いに言いにくいけどダメなところを指摘し合ったり……。正直、あのときが一番キツかったな。道を示したり、悪いところを指摘してくれる人がいないわけですよ。で、私はそのときAAAさんに刺激されていたから、AAAさんのように自分たちで振り付けを考えようと思ってやってみたり、とか。そんな自分に2人も付いてきてくれて――つらいこともあったけど、そういう思いがあったから続けられたんだ、と思います。また、connieさんみたいに「楽曲提供を無償でするよ」と言ってくださる人もいて。本当にconnieさんの楽曲がなかったら私たちのモチベーションも続かなかったと思うし……。

――そうですよね。……で、こんな良い話の途中になんですけど、今このインタビューを撮影しているカメラマンから「メンバーの笑顔がほしいです」と耳打ちされまして（笑）。そのために、話のトーンを変えるべく、当時の笑えるエピソードとか聞かせてもらえませんか？

Nao☆　（笑）じゃあ……、ぽんちゃがイベントで転んだときの話とか？

Megu　あっ、屋台がたくさん並ぶその真ん中にステージがあって、そこでつるんと滑ってしまい、築地のマグロ状態になったときね（笑）。

Nao☆　何か、ぽんちゃはよくステージからいなくなってて。いつのまにかステージの後ろに落ちてる、みたいな（笑）。まあ、私もかえぽも、そういうのに慣れていたけど――。

Kaede　そうね（笑）。

Nao☆　ステージ上で「ぽんちゃ、いなくなったよね」って、かえぽとアイコンタクトして普通にそのままやっていて。見た人から、後で「あれもパフォーマンスだと思っていた」と言われるくらい、そういう失敗も笑いの方向に変えていってましたから。

Kaede　落ちたと言えば、衣装が落ちたこともあったよね？（笑）。

Megu　ああ……、あのときは「……終わった」って思った。

――あはははは（笑）。ちなみに、熊さん絡みでも笑えるエピソードはありそうですが？（笑）。

熊倉　俺のエピソードは……、なんせ当時はお金がなかったから、（Negiccoの）衣装をしまむらの特売で買っていて。それも、Nao☆のお母さんに「お願いします、こういうのを買っておいてください！　……出世払いで」って（苦笑）、そういうやりとりでNao☆のお母さんに買ってもらったりしていたんですよ。本当に、お母さんにはお世話になりましたよね！（笑）。　……で、まあ、それはそれとして、メンバーとは――特にNao☆とは、よくケンカしたんだけれども……。

Nao☆　だってね、「女子なんで、見せパンを用意しておかなきゃダメなんですよ！」と言ったり――。

熊倉　でも俺、見せパンなんて、知らねぇし（苦笑）……。

Megu　「メイクの時間も、ちゃんとスケジュールに入れて組んでください！」とか――。

熊倉　いやぁ、メイクのことなんて、知らねぇし（笑）……。

Kaede　イベント前日の夜に突然、「明日はこういうズボンがいるから持ってきて！」と言われたり――。「持ってなかったらどうする気だったんですか？」っていう（苦笑）。

熊倉　……という感じで、僕の女性に対する知識はこの人たちから学んだところはありますね！

Kaede　（笑）まあ、当時は、女性のマネージャーさんがいなかったしね。

――所詮、おじさんですからねぇ（笑）。

Nao☆　でも、そういう熊さんがいなかったら、私たちもいなかったし！

Kaede　そう。熊さんの、のんびりした感じがよくて。

Nao☆　そういう熊さんの空気感が私たちにも伝わって、周りを巻き込んでいったりするので――ちょっとのんびりしすぎちゃうところもあるけど、そこがNegiccoの良いところというか。これも新潟ならではの良さだって気はするんです。

Kaede　だから、（Negiccoが）20年続いたのは――。

Megu　（マネージャーが）熊さんだったから！

Kaede　熊さんがビシバシ系の人だったら、途中で終わっていたかもしれない（笑）。

Nao☆　実際、3人の中では、「もし熊さんが辞めるって言ったら、熊さんがいてこそのウチらだから、もう（Negiccoは）できないかもね」って話もしていたし。熊さんが「これからの老後はもう、俺の好きにさせてくれ」とか言ってきて……。

熊倉　あっ、それを言われると――実のおじさんに「山口の実家を継いでくれ」って言われたときは、ちょっと迷いましたよ。もう10年以上前の話ですけど。

――10年以上前だと……Negiccoがタワーレコードの T-Palette Records と契約したころ？

熊倉　それくらいだったかな？　でも断りましたけどね、おじさんに「Negiccoをやっているからダメだ」って言って。

Kaede　よかった、それでNegiccoが終わらなくて（笑）。

――で、その2011年のタワーレコードとの契約以降、Negiccoは創作的にも商業的にも大きく飛躍していきます。ここから2018年の15周年ライブを朱鷺メッセで開催するくらいまで、とにかく忙しい時代に入りますよね？

Nao☆　はい。……あのころを思い起こすと、やっぱり（2014年12月にリリースした）『光のシュプール』がオリコン5位を取ったことが大きいと思う。ユッキー（雪田さん）も「あれがなかったら今のNegiccoの立ち位置はない」って言っているし、あれがあったから自分の人生もいろいろ変わっていったので――。ファンの人との絆もすごく深まったし。

Megu　そうだね。ファンの人が応援してくれたから、5位を掴みとれたんだよね。その前のシングルの『サンシャイン日本海』が11位だったから、みんなで頑張って。で、『光のシュプール』の後がちょっとすごいですよね。全国ツアーをやって、NHKの「MUSIC JAPAN」で11年ぶりにNHKホールのステージに立って、「NEGi FES」も開催するようになって……、おっしゃるように忙しくて、細かいことはあんまり覚えてない（苦笑）。その中でも、サトウ食品さんの全国CMに出演が決まったのは、自分たちのモチベーションも上がりましたし、大きかったですよね。サトウ食品さんがNegiccoを新潟のアイドルとしてじゃなく全国規模のアイドルとして見てくれている、というのが分かって。地元新潟で活動しているけど全国に出しても恥ずかしくないと思ってくださったのが、すごい自信になりました。

Nao☆　『光のシュプール』で5位になる前で、まだ結果を出していないときに起用していただけましたから。

20年続いたのは（マネージャーが）熊さんだったから！ もしビシバシ系の人だったら途中で終わっていたかも（笑）

――そうでしたね。で、Kaedeさんは、1年前のインタビューで、この時期は大学との両立もあって、それこそあまり記憶がないと言われていましたね？

Kaede　そうですね。睡眠時間が足りなさすぎて……、今でも大学時代の記憶がほぼないくらいで、すごい大変で忙しかったな、と思います。でも、この時期で印象的なのは、ツアーが決まったことで。10年以上もずっとツアーをやらなかったので、2015年の「Rice & Snow」ツアーで初めていろいろな地域に行かせてもらい、ファンの人たちがたくさんいるのが分かって、「全国的に知ってもらえているんだな」というのが実感できましたから。

――なるほど。そんな、全速力で突っ走っていた当時の自分たちに会うことができたら、Nao☆さん、何を言ってあげますか？

Nao☆　「楽をした先に良いものはない」ってことと……、あとは、「夢をあきらめないで！」って。夢をあきらめなきゃいけなくなって、あきらめる人もいると思うんですけど、もし、あきらめなくても良い場所にいられるならあきらめないでいてほしい。「夢をかなえた人は、夢をあきらめなかった人」っていうけど、本当にそうなんだな、と感じますね。

――はい。そうしてNegiccoは、2019年以降はそれぞれのソロワークも活発化しながら新しい活動期間に入っていきます。その中で、2019年2月にNao☆さんが「4月に入籍します」と発表されて――ここはやはり、大きなターニングポイントになりましたよね？

Nao☆　……あの発表のときは、前後2週間くらい全然眠れなくて、記憶がなくて。「（発表したら）恐ろしいことになるんじゃないか……。Negiccoをやりたくても

やれなくなるのかな」と、本当に怖かったので。でも、そんな自分を、ぽんちゃもかえぽも「本当にここまで頑張ってきたし、大丈夫だよ！」って背中を押してくれて──。で、いざ発表したら、ありがたいことに、ファンの方からも「結婚してもファンです」と言ってくださる人も多かったし、いろんなアーティストさんたちから「Negiccoのこれから先を見たい」という声もあり。だからこそ、こうしてここまで続けることができたっていう。そこは本当に感謝しかないですね。

──ちなみに、当時、発表しないまま活動を続けることは考えなかったんでしょうか？

Nao☆　Negiccoでそれをしちゃいけないと思ってました。入籍した後じゃなく「入籍します」って伝え方とか、それらを間違ってはいけないな、って。

──そう、当時僕も、通常は「結婚しました」と報告するケースが多いのにNao☆さんは「4月に入籍します」と2月に発表したっていう。そこにファンへの誠意があると感じましたね。真摯《しんし》に、正直に向き合うことが何よりも大事だっていう。

Nao☆　そこはユッキーも、そうするべきだと言ってくれたんです。そういう、ファンのことを一番に考えた発表の仕方を私も一番大事にしなきゃいけないと分かっていたけど、事務所もちゃんと考えてくれているな、と思いましたね。……でも、ホント、改めて今、思い出しても、あのときがNegiccoをやっていて一番眠れなかったなぁ。

Kaede　「ファンの方の反応によっては、辞めなきゃいけないかも……」とNao☆ちゃんがずっと言っていて。「いや、大丈夫、大丈夫！」って。

Nao☆　もう、2人としょっちゅう連絡をとっていたよね？

Megu　そうだね、ずっととってたね（笑）。

──その後、MeguさんもKaedeさんも続いて結婚されて。それを温かく見守るファンの方の存在もNegiccoならではと言えるわけですが、さらにすごかったのは、去年2022年にメンバーに連続してお子さんが誕生したことで──。冒頭でも言いましたけど、これはある意味、奇跡的な出来事ですよねぇ。

Nao☆　これはネタみたいな本当の話なんですけど、事務所のスタッフに「この時期に、一緒に産んでみれば？」と言われたことがあって。それから3人で話し合いをして──私たちも20周年のことを考えていなくはなかったので、そのときまでに出産できたらいいな、と思い──私が真剣に「3人一緒に産みたいと思います！」と事務所に言ったら、「いやいや、そんなにうまくいくわけない」と笑われちゃって。そしたら、まさか、本当にそうなってしまって（笑）……。

熊倉　いやぁ、見事ですよね。「あっぱれ！」ですよ（笑）。本当に（子どもは）授かりものですから。

Megu　20周年に無事、復帰が間に合ったし（笑）。コロナ禍でどうなるか分からなったけど、間に合って本当に良かった！

Nao☆　（コロナ禍で）大事な節目のときにファンの人の前でライブをやれないアイドルさんも見てきたので。その点、私たちはラッキーだったし、これも全部、縁ですよね。

──Negiccoの活動的には、2020年からの新型コロナウイルス感染症の影響下でも、シングル『午前0時のシンパシー』のリリースや、ライブをオンラインで配信したりと、やれる限りでの発信を続けていたことも大きかったですね。

Nao☆　はい。それがあってファンの人たちの大切さも分かりましたから。目の前で声援が返ってくることは当たり前じゃないっていう。

──あと、この時期にソロ活動を並行してやれたのも、意義はすごくありましたよね？

Kaede　そうですね。コロナ禍で、Negiccoとして思うような活動はできない中でも、活動休止にならずに一人一人ができる活動をやっていたのは良かったのかな、と思います。

Megu　ソロを頑張った先に、2人の大切さも改めて感じたし、自分としてもソロを出したことによって見えてきた部分もあって、すごく良い経験。大事な期間でした。個人的にやりたかったパーソナリティにも挑戦させてもらいましたし。それを今後、（Negiccoライブでの）MCに活かせたらと思います。

──その点でもアニバーサリーライブが楽しみですし、20周年に向けていろいろな活動予定が発表されてきた

今、当のメンバーも「これからのNegiccoが楽しみだな」って思いが強まっているんじゃないですか？

Nao☆　はい！　今、環境は3人それぞれ違うけど、今まで以上にお互いのことをちゃんと理解しあえる、思いあえる状況にあって、よく3人で連絡をとっているんですけど、みんな「楽しみだね！」と言っているんです。今までは自分のことだけ考えて動けばよかったけど、今は家族もいて、自分以外のことで大変なこともいろいろある。だけど、そういう状況下でもNegiccoとして歌えることを本当にうれしく思っていて——。そういうNegiccoのこれから先を見てもらえる、新しいスタートだと思っているので、自分たちが新潟のグループとして初めてこういう道を開いたと言ってもらえるよう、新しいNegiccoを作っていきたいと思います！

——その思いを一番分かりやすく伝えてくれるであろう場が、Negicco 20周年アニバーサリーライブ「MY LIFE is Negicco」になるんでしょうね。新潟が新潟県民会館大ホール、東京はLINE CUBE SHIBUYA（渋谷公会堂）というこのライブに向けて、今の気持ちを改めて聞かせていただけますか？

Kaede　いやぁ、今4月で、ライブが7月と8月にあると思うと、ちょっと焦りもあって。そして、久々なのにすごく大きな会場なので——体力を戻したり、ダンスと歌の復習とか、日々ちょっとずつやっていかないと間に合わないな、と。

——それも、子育てもしながら、ですからね。

Kaede　ここで、睡眠不足だけど頑張ってたころの経験が活かされるかも（笑）。ただ、久しぶりのバンド（編成での）ライブというのが楽しみで！　あんなにたくさんのメンバーの皆さんと一緒にやれるんだなと思うと、すごく楽しみです。

Megu　そうなんですよね！　バンドでできるのもうれしいし、3人で歌えるのもうれしいし、何よりお客さんの前でライブができるって喜びをずいぶん味わえていないので——それはファンの方も一緒で、3人そろったライブをお待たせしちゃっているので。ファンの皆さんの前で歌えるのが本当に楽しみです！

——Nao☆さんはどう？　その新潟&東京のステージで、どんな景色が見えそうですか？

Nao☆　……「MY LIFE is Negicco」ってタイトルなので、これでボロボロのステージだとシャレになんないですよねぇ（笑）。だから、20年の重みと、「これが今のNegiccoだ、これからのNegiccoだ」というのを見せつけて——そして「素晴らしい楽曲がこんなにあるんだぞ」ってところも見せたいです。「やっぱり、俺はNegiccoだ！」と言ってもらいたいし。

Megu　うん？「俺はNegiccoだ」って？

Nao☆　ほら、Negiccoが活動してなかった間、他のいろいろな音楽を聴いていた人もいると思うんですけど、「やっぱりNegiccoが一番だ！」と言ってもらえるようにしたいな、と。

Megu　ああ、戻ってきてもらえれば（笑）。

Nao☆　そう、♪Negiccoにしてね♪（※『アイドルばかり聴かないで』のワンフレーズ）

——（笑）楽しい人たちです。ではここで、ベタで、シンプルな質問を改めて投げかけますね。Negiccoがこうして20年続けてこられた理由は何だと思いますか？

Nao☆　新潟で頑張ってきたから！

——なるほど。まず、そこですか。

Nao☆　やっぱり、都内に出て活動するアーティストさんも多いですけど、新潟にいてもこれだけのことができるっていう（ことをNegiccoは証明できた）。みんな、地元が大好きじゃないですか。そういう好きな地元で頑張っている良さは自分たちも実感しているし、新潟の企業さんからNegiccoを起用したいという声をたくさんいただけたりとか、新潟という存在がなければNegiccoはないですから。……これがもし、拠点を都内にしていたら、埋もれてしまったり、私たちの心も折れていたと思うんです。地元密着の大切さを意識しながら、そこにいろいろなご縁があって、今のNegiccoはあるんだよな、って。（そばで話を聞いてきた雪田さんに向かって）ユッキーも、Negiccoが好きだから新潟に移り住んできたんですよね？（笑）。

雪田　……良いビジネスパートナーです（笑）。

——雪田さんらしい返しです（笑）。あと、僕が思うに、Negiccoは楽曲の良さにも恵まれましたよね。その意味で（プロデューサーである）connieさん、雪田さんの2人も欠くことができない存在であって。

Negicco

Nao☆　もう、毎日、自分たちの曲を聴いています！悲しいときも、感動したいときもNegiccoを聴いている し――喜怒哀楽ネギ、まさに「MY LIFE is Negicco」です。

熊倉　……すげぇな（笑）。

――さらに、ファンの存在も欠かせなくて。ファンが支持してくれるからこそ活動を続けられるわけですからね。

Nao☆　もちろん、それが一番です！

Megu　新潟の街でいろんな方に出会っても、「こんにちネギネギ」で挨拶が返ってきたり（笑）、「夕日コンサート、見ましたよ」とか、どこかしらで私たちを見てもらっているみたいで――。

Nao☆　Negiccoとして活動をしていないときでさえ、ラーメン屋さんに行けば「ラジオ聴いてます」と言ってもらったりとか。本当にありがたいことです。

Kaede　そういう意味でも、いろんなところを回ったり、地道に活動してきて良かったな、と。

――そうですよね。あとは、さっきNao☆さんも話していましたけど、20周年を経て、その後のNegiccoをどう続けていくか、ですね？

Nao☆　その「どこまで続けられるのか」というところが楽しみなので――今の自分たちをどう超えていくのか、どうやってさらにいろんな人たちとつながっていくのか、とか、そういうのが楽しみなんですよ。その扉を開いていくためにも、20周年ライブを気合い入れてやるつもりです！

Kaede　やっぱり、まず20周年ライブがどんな感じになるのか見てみないと、何とも言えないというか。そこでもし、体がガタガタでどうしようもない……みたいなことになっちゃったらその先のことは話せないので（笑）。だから、20周年ライブを成功させることに今、集中している感じです。

――そういう部分も含めて、まさに「MY LIFE is Negicco」というライブになりそうですね。

Megu　はい。……ホント、「MY LIFE is Negicco」って、良いタイトルですよね（笑）。

Nao☆　そういうタイトルから気づかされることも多いので。こういうタイトルを付けてもらった以上、自分たちもタイトルにふさわしいライブをしなきゃいけないんだって。でもそれって、（スタッフからの）命令形じゃなく、背中を押されているような気持ちなんです。だから、あとで「こんなタイトル、つけなきゃ良かった」と言われないよう、良いステージにしたいと思ってます！

――文字通り、今後も「MY LIFE is Negicco」――ここが着地点ではなく、大きな通過点として、Negiccoにはさらに素敵な歩みを見せてくれることを期待していますよ。

3人　ありがとうございます！

Nao☆　本当に、これからもみんなで頑張ります！

Negicco ゆかりの地を巡るMAP

NAO☆01
BAN CITY
DAI PARK
SINCE 1973
NAO☆02 NIIGATA CITY AQUARIUM MARINEPIA NIHONKAI
MEGU 04
BANDAI SOBA
KAEDE 01
NIIGATA UNIVERSITY
MEGU 03
FM-NIIGATA
KAEDE 03
Niitsu O Bansen Shotengai
NAO☆03
SUNTOPIA WORLD
KAEDE 02
Niigata University of Pharmacy and Medical and Life Sciences

Negi Negi Tour in Niigata

Negicco
ゆかりの地を
巡る
Nao☆

万代シテイバスセンター2階に位置し、2021年7月にリニューアル。Negiccoはリニューアル前からリリースイベントやテレビ番組のイベントなどでステージに立ってきた。「全国ねぎサミット2018 inにいがた」は万代シテイで開催され、Negiccoが応援大使を務めた。

万代シテイ
パーク
なないろガーデン

新潟市中央区万代1-6-1

NAO☆01
BAN CITY DAI PARK
SINCE 1973

新潟市水族館
マリンピア日本海

新潟市中央区西船見町
5932-445

日本海側有数の規模を誇る水族館。2020年に開館30周年を迎え、その記念CMにNegiccoが出演。同館イメージソング『不思議だね。面白いね。』のアレンジはconnieさんが行い、Negiccoが歌を担当。CM映像はマリンピア日本海の公式ユーチューブチャンネルで公開中。

サントピアワールド

阿賀野市久保1−1

前身の「安田アイランド」開園から半世紀近く、新潟県民に愛される遊園地。『硝子色の夏』（アルバム『MY COLOR』）のMVはここで撮影された。2020年7月に開催されたNao☆ オンラインライブ「硝子色の夏＠サントピアワールド」の会場にもなった。

Negicco ゆかりの地を巡る

Megu

佐渡両津港近くの「みなと中央公園」内にある佐渡市民の憩いの場。2019年7月、おんでこドームで結成記念のワンマンライブ「Negicco結成16周年コン佐～渡!!!」を開催。

おんでこドーム

佐渡市両津湊

MEGU 01
ONDEKO DOME

二ツ亀

佐渡市鷲崎

MEGU 02 FUTATSUGAME

海上にカメが2匹並んでいるように見えることから、二ツ亀と呼ばれる。佐渡の案内誌『いとしげな佐渡』は2018年3月発行の第1号からMeguがモデルを務める。本書のおんでこドーム、二ツ亀の写真は、同誌の撮影を行っている川島小鳥さんが担当。

おんでこドーム、二ツ亀　撮影=川島小鳥

FM-NIIGATA 77.5

本社
新潟市中央区幸西4-3-5
万代シテイ サテライトスタジオ
新潟市中央区八千代2-5-7 BP2 1階エントランス

新潟県を放送区域とするFMラジオ局。2013年にNegiccoの3人が出演する番組「ネギStyle」がスタートし、現在も放送中。2018年4月〜2023年3月まで放送されていた「HAPPY MAPPY」では同局村井杏とともに番組のパーソナリティを務めた。

全国的にも有名な「バスセンターのカレー」を提供する立ち食いそば店。実店舗だけでなく、NEGi FESのフードコートに登場したり、ケータリングで利用したり、とNegiccoと縁が深い。レトルトカレーのNegicco版パッケージもつくられている。

万代そば

新潟市中央区万代1-6-1
万代シテイバスセンタービル 1階

Negicco
ゆかりの地を
巡る
Kaede

1949年に発足した国立の総合大学。医学部、歯学部以外の学部が新潟市西区の五十嵐キャンパスにある。Kaedeの母校であり、在学当時Negiccoの活動と並行し、このキャンパスにある工学部で学んでいた。

新潟大学
五十嵐キャンパス

新潟市西区五十嵐2の町8050

☆ KAEDE ☆
01
NIIGATA
UNIVERSITY

2023年4月、既存の薬学部・応用生命科学部に加え、医療技術学部、看護学部を新設した医療・健康系総合大学。Kaedeは2015年に同大学の特定研究員に任命され、Negiccoにちなみ、ネギの成分を調べるなどの研究を行った。

新潟薬科大学 新津キャンパス

新潟市秋葉区東島265-1

KAEDE 02
Niigata University of Pharmacy and Medical and Life Sciences

にいつ 0番線商店街

新潟市秋葉区新津本町

KAEDE 03
Niitsu 0 Bansen Shotengai

新津駅最寄りの商店街。商店街の名前は、かつて新津駅にあった、磐越西線の列車が発着していた0番線に由来する。2021年にリリースされた『サイクルズ』のジャケット写真、MVは「0番線商店街」をはじめ新津の商店街で撮影が行われた。

高田世界館

上越市本町6-4-21

1911年に芝居小屋「高田座」として開業。現在も上映を続ける国内最古級の映画館。『愛、かましたいの』MVの撮影が行われた。また、Kaedeのミニアルバム『深夜。あなたは今日を振り返り、また新しい朝だね。』のリリースを記念したツアーの新潟会場にもなった。

中華料理 上海

上越市北本町2-4-3

1950年創業の歴史がある中華料理店。高田世界館同様、『愛、かましたいの』のMV撮影が行われた。Kaedeのおすすめは「チーパー麺」。

Talk About Negi

結成当初から現在まで、様々なタイミングでNegiccoと関わりのあった方々に、
Negiccoはどのようなグループなのか、
Negiccoとの思い出や出来事にはどのようなものがあるのか伺った。
皆さんからいただいた20周年お祝いメッセージも必見。

江口 昌子
SWAMP
スーパー・ササダンゴ・マシン
RYUTist
ヤン
嶺脇 育夫
connie
熊倉 維仁

Masako Eguchi

江口 昌子

Negiccoの元マネージャー

Negiccoがローカルアイドルとして注目され始めた頃のマネージャー。
現在は「笑い」をテーマに活動している事務所「新潟お笑い集団NAMARA」でお世話係担当。

01 Negiccoはどんなグループ?

当時はNao☆・Miku・Megu・Kaedeの4人。メンバーそれぞれのキャラがかぶらないので、満遍なく可愛がりたくなる。いくつになっても親戚の子のような気持ちで見守れる。

ウソのない誰からも愛されるグループ。

02 Negiccoとの思い出・印象的な出来事

お寺に宿泊した時、怖いくせに怖い話をしてその後くっついて寝たり、原宿クリスマスライブの後、ケーキ屋さんが閉まっていて、代わりにコンビニで買ったケーキを「美味しいね」と言って食べてくれたり…。ライブ前日、意見の食い違いから夕ご飯を別々の場所に連れて行ったかと思えば、ホテルのベッドが大きいからとみんなで一つのベッドで寝たことも。賑やかな思い出ばかりです。

03 20周年を迎えるNegiccoへメッセージ

20年アイドルを続けてきたあなた達はすごい! 小・中学生だったNegiccoは学業に歌に振りの習得、そして自分たちでヘアメイクや衣装の管理もしていましたね。今は結婚して母となり、当時親御さんがどれだけの忍耐力で見守ってくれていたのか実感しているのではないでしょうか? グループ名を変えようか迷っていた頃が懐かしいですね。

SWAMP

SWAMP

ラッパー/ラジオナビゲーター/アウトドアプレゼンター

音と自然と旅をこよなく愛する男。10代の頃からSWAMP《スワンプ》の愛称でラッパーとして活動開始。2005年からラジオパーソナリティーをスタート。愛犬家であり保護犬とともに旅やキャンプを楽しんでいる。「旅するテント」主宰。

01

Negiccoはどんなグループ?

メンバー一人一人がそれぞれ異なった強烈な個性を持ち、時にぶつかり合い、時に補い合う絶妙な距離感と空気感が印象的。それぞれの個性は化学反応を起こし、大体予想外の展開に発展するが、最後にはしっかりまとまって収まる感じ。飾らず、驕《おご》らず、素直で努力家。

02

Negiccoとの思い出・印象的な出来事

彼女たちが10代の頃から、10年近くラジオ番組を一緒にやらせていただきました。全国から届くメッセージや、大雪の日でもサテライトスタジオまで来てくれる多くのファンなど、リスナーやネギヲタに愛されていることを目の当たりにしました。メンバーの誕生日やCDの売上枚数発表、出演を目指していたイベントの発表などNegiccoのハイライトに重なることが多い番組でした。

03

20周年を迎えるNegiccoへメッセージ

20周年おめでとうございます! 月日を重ねるごとに綺麗になっていく皆さん。その年、その歳のNegiccoらしさを常に発揮していて、いつも本当に感銘を受けています。これからもNao☆ちゃん、ぽんちゃ、かえぽ、3人らしい生き方、表現を続けていってください。そしてまた一緒に曲をやりましょう!

Super Sasadango Machine

スーパー・ササダンゴ・マシン

坂井精機株式会社代表取締役／プロレスラー／タレント

新潟市東区在住の覆面プロレスラー。普段は金型工場である実家の坂井精機で社長として働いたり、テレビやラジオに出演したりしながら、月に1〜2回東京のDDTプロレスリングで試合をしている。183cm、120kg。

01 Negiccoはどんなグループ?

アイドル戦国時代の真っただ中では「戦わないアイドル」と評され、新潟の平和の象徴的な存在でしたが、実際は新潟（ローカル）に住みながら全国で十分に戦っていけるということを最初に証明してくれた、エンターテインメント界の偉大な変革者。地方に市場を作り、そこで仕事ができる人をたくさん増やすって、ものすごくイノベーティブなことだと思います。

02 Negiccoとの思い出・印象的な出来事

一緒にレギュラー出演していたNST『八千代ライブ』で、結成15周年を祝う特別放送を、スタジオでたくさんのお客さんと開催できたことが本当に良い思い出です。あと、番組の打ち上げで焼肉を食べに行った時に、メンバー3人とも「高級なお肉を食べるとすぐにお腹を壊してしまう」、「大体のお肉の部位の見分けがつかない」という共通点があって、非常に微笑ましかったです。

03 20周年を迎えるNegiccoへメッセージ

Negicco先輩！ 一生ついていきます!! これからも僕たちに、まだ誰も見たことのない景色を見せ続けてください！

RYUTist

RYUTist

アイドルグループ

新潟を拠点に活動中のメンバー3人によるアイドルグループ。メンバーは、宇野友恵、横山実郁、五十嵐夢羽の3名。多彩なアーティストからの提供曲が音楽好きにも支持され、着実にその知名度を上げている。

01 Negiccoは どんなグループ？

Negiccoさんは私たちにとって、偉大な大先輩さんであり、いつも優しく見守ってくださる大好きなお姉ちゃんです！ Negiccoさんのことは、新潟の誰もが知っていて、たくさんの方に愛されています。私たちもそんなNegiccoさんのようになりたいと、デビューした頃から目標にさせていただいている憧れの存在です。

02 Negiccoとの 思い出・印象的な出来事

2020年Negiccoさん主催「NEGi FES 2020 ONLINE」、2023年RYUTist主催「古町前夜祭」でご一緒させていただいたことです！『Falling Stars』を歌わせていただくという夢のようなコラボの実現には、感動と幸せで胸がいっぱいになりました。Negiccoさん、いい匂いだったな〜！

03 20周年を迎える Negiccoへメッセージ

20周年おめでとうございます!! これからもステキな音楽とNao☆さん、Meguさん、Kaedeさんの笑顔で圧倒的なスタイル決めていってください！ Negiccoさんを目標に私たちももっと頑張ります！ 大好きです♡ ずっと仲良しでいてください！

Yan

ヤン

新潟で活動中の自称タレント

1970年生まれ。新潟市東区出身。AB型。新潟お笑い集団NAMARA出身。

01 Negiccoはどんなグループ?

ロコドル（ローカルアイドル）のパイオニアであり、新潟県民の娘。っつ〜か、色々アイドルの壁をぶっ壊してきた人たち。個人的には、親戚の娘くらいの感覚。

02 Negiccoとの思い出・印象的な出来事

ネギ達が活動開始したころ、色んな会場でご一緒しましたが、中にはミカン箱8個並べた上にコンパネ置いただけのステージも。そんな環境でも汗だくになって歌って踊るネギ達。最初は10人だった観客も、20人になり30人になり100人になり。コロナ禍前の「古町どんどん」でモールを埋め尽くしたネギファンを見たときは、ジジイ涙流れましたてw。

03 20周年を迎えるNegiccoへメッセージ

ネギ達はもちろん、ネギファンを尊敬する。彼らは、ネギが出演するイベント自体も盛り上げてくれるんすよ。これは我々にとってありがたい！ 結果、ネギ出演イベントは盛り上がり、動員も増す！ ネギの仕事を増やしたのはファンの皆さんの質でもあると思う。この素敵なファンの方々と、次の20年も躍進を期待しています！

Ikuo Minewaki

嶺脇 育夫

タワーレコード株式会社　代表取締役社長

秋田県出身。1988年タワーレコード入社。2011年より現職。2011年Negiccoも参加したアイドル専門レーベル"T-Palette Records"主宰。

01 Negiccoはどんなグループ?

新潟という地の利や専属の作家&プロデューサーのconnieさんの存在。そしてメンバーの野心はありながらも控えめな性格。関わった人たちみんながNegiccoのファンになり応援しなければ!と思わせる雰囲気。色んな意味で奇跡的なバランスで出来上がったアイドルグループだと思います。

02 Negiccoとの思い出・印象的な出来事

結成10周年記念日に行われた浅草ROX「まつり湯」イベント。宴会場半分も埋まらなかった時代から見ていた者として、会場に入りきらないくらいのお客さんと捌《さば》ききれないくらいの注文(?)、男泣きする熊さんを見て感動しました。コロナ禍では考えられないメンバーとの密なコミュニケーションを含め、最高の思い出です。

03 20周年を迎えるNegiccoへメッセージ

20周年おめでとうございます! 10年以上前に錦糸町の焼肉屋で「Negiccoは結婚して子どもができてもアイドルを続けてほしい! 子どもと一緒にステージでラインダンスを踊ってほしい!!」という今考えるとどうかしている感満載の発言をしました。ですが、それが現実になりそうでうれし、恐ろしいです!!!

connie

Negicco音楽プロデューサー

地元新潟でアイドルやアニメ作品への楽曲提供を行う会社員（建設業）。「アイドルファン」として制作活動を続けており、「アイドルが幸せになること」を第一義とするスタンスが一部で好評を得ている。

01 Negiccoはどんなグループ？

家族みたいな、親戚の子みたいな不思議な距離感のアイドル。歌声ではリーダーNao☆さんが芯となり、Meguさんが高音、Kaedeさんが低音を支え、3人の声が重なるととても心地よいハーモニーとなります。性格もそんなふうに3人の関係性がとても面白く、ライブMC（トーク）ではその関係性が垣間見えます。つい3人のことが好きになってしまうような魅力があります。

02 Negiccoとの思い出・印象的な出来事

私が3人と直接関わるのはやはりボーカルレコーディングの時です。自分がイメージしていた歌声を超えて、表情豊かに歌ってくれた時は楽曲が生き生きとしてきます。その瞬間は本当に楽しく、一緒に音楽をやっていて一番の喜びを感じる時です。3人の歌はずっと進化していて、もうどんな楽曲も3人が歌えばNegiccoの曲になると感じています。

03 20周年を迎えるNegiccoへメッセージ

20年間もずっと歌い続けてくれる、活動を続けてくれることがいかに尊いことか。私の夢、みんなの夢をたくさん叶えてくれてありがとう。 どうかこれからもNegiccoらしいペースで、一緒に音楽を続けましょう。

Yoshihito Kumakura

熊倉 維仁

EHクリエイターズ代表取締役会長／ブルースシンガー

2003年に『ニコニコ食育音頭』の歌い手としてNegiccoにアプローチしたのが最初の出会い。その後紆余《うよ》曲折を経て、個人名義の会社「越後屋本舗クリエイターズ」でNegiccoを引き取る。Negicco「育ての親」。

01

Negiccoはどんなグループ？

ウィキペディアで調べると、アイドルとは「恋愛感情を持つ熱狂的なファンが売上のメイン層を占めている歌手、タレント」と出てきます。しかしNegiccoのファンはここに当てはまらず、3人の面白いバランスと音楽性にはまる人が多いです。

02

Negiccoとの思い出・印象的な出来事

最初の出会いはNegiccoがライブをやっている所を通り、足を止め、1曲聞いたこと。私はライブハウスでプロダクションもやっており、ストリートミュージシャンなどをスカウトするのも仕事でした。なかなか私を立ち止まらせるミュージシャンは居なかったのに、こいつらは立ち止まらせ1曲聞かせたんです。

03

20周年を迎えるNegiccoへメッセージ

20年間よく頑張りましたね。当初はこんなに長く付き合っていくとは思っていませんでした。おかげで楽しい時間を過ごすことができました。ありがとう！ コロナ禍が明け、また、それぞれ環境の変化もありましたが、これからも目一杯、気張って、頑張ってください。

2003 – 2005

SHOW! SHOW! SHOW!

2006 – 2008

胎内秋の味覚まつり
ジャンボかぼちゃまつり

新潟日報 2010 年 12 月 29 日

2009 – 2011

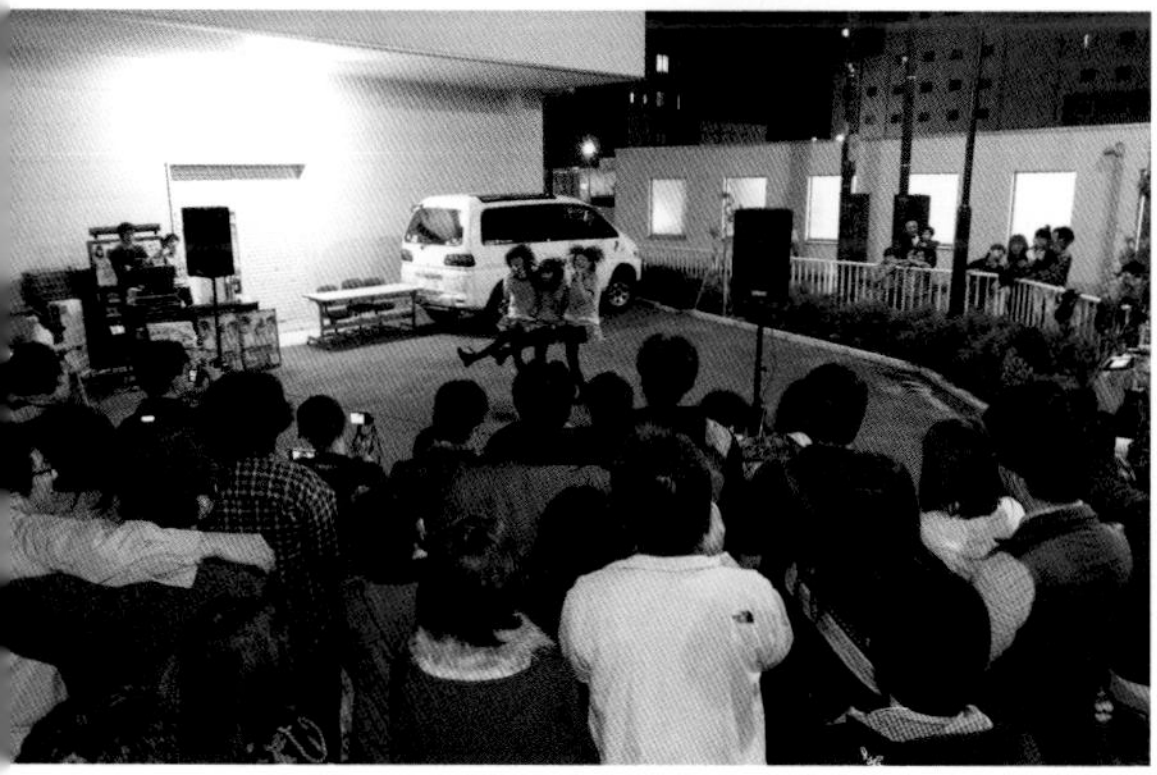

201
しろねフルーツまつり

新潟日報 2012 年2月 27 日

2012 – 2014

新潟日報 2014 年4月30日

新潟日報 2013 年7月15日

新潟日報 2014 年 12 月9日

新潟日報 2016年9月26日

2015 − 2017

新潟日報 2016 年1月1日

新潟日報 2017 年8月14日

新潟日報 2018 年1月29日

新潟日報 2019 年7月8日

2018 – 2020

新潟日報 2020 年7月 14 日

新潟日報 2020 年8月 31 日

2021 – 2023

photo by 木下マリ（instagram:_marikinoshita, Twitter:_marikinoshita）

Negicco-llection 2003-2023

Negicco 20th Anniversary Book

2023（令和５）年７月25日　初版第１刷発行

撮影／川島小鳥、近藤俊（株式会社ジョイフルタウン）
取材／笹川清彦（株式会社ジョイフルタウン）
デザイン／株式会社ワーク・ワンダース
協力／株式会社EHクリエイターズ

Special Thanks
FM-NIIGATA 77.5/ サントピアワールド / 高田世界館 / 中華料理 上海 /
新潟大学 / 新潟薬科大学 / 万代そば / マリンピア日本海

発　行　者　　中川史隆
発　行　所　　新潟日報メディアネット

【出版グループ】
〒950-1125
新潟市西区流通３丁目１番１号
TEL　025-383-8020　　FAX　025-383-8028
印刷・製本　　株式会社第一印刷所

定価はカバーに表示してあります。
落丁・乱丁本は送料小社負担にてお取り替えいたします。

ISBN978-4-86132-834-3